AF475804

SIMPLIFICATION

DES

LANGUES ORIENTALES.

SIMPLIFICATION

DES

LANGUES ORIENTALES,

OU

MÉTHODE NOUVELLE ET FACILE

D'apprendre les langues Arabe, Persane et Turque, avec des caractères Européens;

Par *C.-F. VOLNEY.*

La diversité des langues est un mur de séparation entre les hommes; et tel est l'effet de cette diversité, qu'elle rend nulle la ressemblance parfaite d'organisation qu'ils tiennent de la nature.

AUGUSTIN, de la Cité de Dieu.

A PARIS,

DE L'IMPRIMERIE DE LA RÉPUBLIQUE.

AN III.

FAUTES À CORRIGER.

Page 64, ligne 9, ħaŝan, *lisez* ħasan.

Ibid. ligne dernière, anzam, *lisez* anẑam.

DISCOURS
PRÉLIMINAIRE.

C'est un phénomène moral vraiment remarquable que la ligne tranchante de contrastes qui existe et se maintient opiniâtrément depuis tant de siècles entre les Asiatiques, sur-tout les Arabes, et les peuples européens. Nous ne sommes éloignés d'Alger et de Tunis que de 60 heures de navigation; quatorze jours seulement nous mènent en Égypte, en Syrie, en Grèce; dix-huit à Constantinople : et cependant l'on dirait que ces peuples habitent une autre planète; que, contemporains, nous vivons distans de plusieurs siècles. Le vulgaire se contente de voir pour raison de ces contrastes la différence des religions, des mœurs, des usages; mais cette différence elle-même a ses causes; et lorsqu'enfin las du joug des préjugés et de la routine, l'on recherche avec soin ces causes radicales, on trouve que la plus puissante, que l'unique peut-être consiste dans la différence des langues, par qui s'est établie et par qui se maintient la difficulté des communications entre les personnes. C'est parce que nous n'entendons pas les langues de l'Asie, que depuis dix siècles nous fréquentons cette partie du monde sans la connaître : c'est parce que nos ambassadeurs et nos consuls n'y parlent que par interprètes, qu'ils y vivent toujours étrangers, et n'y peuvent étendre nos relations ni protéger nos intérêts : c'est parce que nos officiers envoyés à la Porte ne savaient pas le turc, qu'ils n'ont pu opérer dans les armées les réformes que désirait le divan même : c'est parce que nos facteurs ne savent pas la langue de leurs échelles, qu'ils y vivent comme prisonniers, ne se montrant point dans les marchés, vendant peu ou mal; de manière que toute la masse de notre commerce est obligée de passer par l'étroite filière de quelques Censals *, et de quelques Drogmans. Supposons tout-à-coup la facilité de communiquer établie; supposons l'usage familier et commun des langues, et tout le commerce change de face : les marchands se

* Noms des courtiers en Levant.

mêlent ; des colporteurs pénètrent jusque dans les villages ; les marchandises se distribuent ; la circulation s'anime ; l'industrie s'éveille ; les esprits s'électrisent ; les idées se répandent, et bientôt, par ce contact général, s'établit entre l'Asie et l'Europe, une affinité morale, une communication d'usages, de besoins, d'opinions, de mœurs, et enfin de lois qui de l'Europe jadis divisée, ont fait une espèce de grande république d'un caractère uniforme ou du moins ressemblant.

Tel est le but vers lequel je me propose en cet ouvrage de faire un premier pas, un pas fondamental. Par une opération d'un genre neuf, et cependant simple, j'entreprends de faciliter les langues orientales ; de les débarrasser des entraves gratuites qu'une habitude routinière leur a imposées ; enfin, de les rendre accessibles, presque populaires, en les ramenant à la condition des langues d'Europe dont elles ne diffèrent point essentiellement. Le développement des idées qui ont amené mon opération va mettre le lecteur en état de prononcer sur sa valeur et sur sa fécondité.

Ce premier fait posé, que la différence du

langage est l'unique ou du moins la principale barrière élevée entre les peuples d'Asie et d'Europe ; trois questions se sont présentées :

1.° Les langues orientales, et spécialement les langues arabe, persanne et turque, sont-elles réellement plus difficiles que les langues d'Europe ?

2.° En quoi consiste leur difficulté principale ?

3.° Quel est le moyen d'en simplifier l'étude et la pratique ?

A l'égard de la première question, il faut distinguer en deux classes les difficultés d'une langue quelconque : difficulté de prononciation, et difficulté de mécanisme ou de construction. Considéré sous le premier rapport, il est vrai que l'arabe offre à nos oreilles des prononciations dont la nouveauté les étonne : non qu'elles soient réellement plus difficiles que les nôtres ; mais tel est pour chaque peuple comme pour chaque individu, l'empire de l'habitude et de l'amour-propre, qu'il regarde comme barbare tout son qui lui est étranger. Ainsi nous nous récrions sur le *jota* des Espagnols, sur le *th* des Anglais, sur le *c* des Italiens ; et à leur tour ils se récrient sur notre *u*, sur notre *j*, et sur nos nasales *on*, *an*, *in*, qui leur semblent aussi dures que désagréables : nous trouvons doux notre *p*, notre *v*, notre *gué*; et les Arabes les trouvent pénibles à prononcer. La vérité est que cette difficulté gît dans l'habitude, et qu'une habitude contraire la fait effacer.

Quant au persan et au turc, cette difficulté est presque nulle, leur prononciation étant presque aussi coulante et plus harmonieuse que celle d'aucune langue d'Europe.

Vient la difficulté de mécanisme ou de construction : or il est certain qu'aucune langue d'Europe n'a la régularité, ni la simplicité de l'arabe, encore moins du persan; dans aucune, les phrases ne sont plus claires, plus méthodiques : c'est notre construction française. Le turc seul déroge à cette clarté, et il faut avouer qu'avec ses phrases à pleines pages, avec ses inversions qui portent le nom et le verbe gouvernans au bout de nombreuses périodes, il a l'inconvénient que l'on reproche à l'allemand et au latin. Néanmoins toute compensation faite, ces trois langues asiatiques n'ont essentiellement rien de plus difficile que les nôtres. D'où vient donc l'idée que l'on en a? En quoi consiste leur difficulté?

Sur cette seconde question il faut convenir que ce n'est pas sans motif que le préjugé s'est établi ; mais ce qu'il reproche de rebutant et de barbare à l'arabe et à ses analogues, appartient bien moins au fond du langage qu'à ses accessoires, qu'à ses signes représentatifs, et pour le dire en un mot, consiste uniquement dans la figure des lettres, et dans le système vicieux de l'alphabet.

En effet, c'est une première difficulté, un premier abus que cette figure bizarre des lettres arabes : si, à l'instar de l'anglais ou du polonais, l'arabe se fût écrit avec des caractères qui nous fussent connus, jamais l'on n'eût érigé sa difficulté en proverbe ; mais parce qu'à l'ouverture de ses livres, l'œil est frappé de figures étranges, la surprise et même l'amour-propre se récrient sur la nouveauté, et s'exagèrent les obstacles. Cependant ils ne sont qu'apparens, ou pour mieux dire, que superflus et gratuits ; car l'on ne peut éviter ce dilemme : ou les prononciations arabes sont autres que les nôtres, et alors il faut pour les peindre des signes qui nous manquent ; ou elles sont les mêmes, et dès-lors il devient inutile de les peindre par des signes différens des nôtres. Si, comme il est vrai, la majeure partie des prononciations, voyelles, aspirations, consonnes, est la même de langue à langue et de peuple à peuple, quelle est la nécessité de leur donner des signes, c'est-à dire, des caractères alphabétiques divers? Pourquoi cette diversité d'alphabets éthiopien, tartare, chinois, thibétan, arabe, malabare? Pourquoi une même prononciation, par exemple, *a*, *b*, *t*, aura t elle vingt figures différentes? Pourquoi consumer en frais de lecture une attention et un temps si précieux au fond du sujet? Je le répète: à des sons divers donnez des signes divers, puisqu'ils les distinguent; mais à des sons identiques donnez des signes identiques, sans quoi vous les multipliez onéreusement pour l'esprit.

Je compte pour peu le contraste de la marche de l'écriture arabe, qui tandis que nous traçons nos lignes de gauche à droite, trace les siennes de droite à gauche, et commence un livre où nous le finissons; mais une troisième difficulté, la plus grave, la plus radicale, c'est son système alphabétique lui-même; c'est la manière incomplète, réellement vicieuse dont l'arabe peint la parole. Dans nos langues d'Europe, tout élément de cette parole voyelle, consonne, aspiration, suspension de sens, interrogation, admiration, tout est peint avec détail, précision, scrupule, et les images nettes passent à l'esprit sans fatigue et sans confusion. Nous regardons même une langue comme d'autant plus parfaite que son écriture peint plus exactement toute sa prononciation; que cette langue s'écrit comme elle se prononce: et tel est le mérite que tout étranger aime à reconnaître dans l'italien, l'espagnol, l'allemand, le polonais; tandis que dans l'anglais et le français le vice contraire, c'est-à-dire, écrire comme l'on ne prononce pas, fait le tourment même des naturels de ces deux idiômes.

Dans l'arabe au contraire et dans ses analogues, éthiopien, persan, turc, non-seulement l'on n'écrit pas comme l'on parle, mais l'on n'écrit réellement que la moitié des mots: dans la plupart il n'y a de tracé que les consonnes, qui en sont la base principale, et les quatre voyelles longues, peintes dans l'alphabet: les trois voyelles brèves qui jouent le plus grand rôle dans la prononciation, qui en sont la partie intégrante, sont supprimées et sous-entendues; il faut les suppléer d'imagination et en impromptu; quelquefois l'une des consonnes veut en être privée, l'autre non : quelquefois il faut redoubler l'une des consonnes, changer la valeur naturelle de l'une des grandes voyelles ; et si l'on manque une seule de ces conditions, si l'on introduit une voyelle brève pour une autre, tout est confondu : je cite un exemple. Les trois consonnes *k t b*, forment un mot arabe : pour être prononcé il a besoin de voyelles ; or selon celles qu'on lui donne il change de signification : si l'on prononce $k^a\ t^a\ b$, c'est, *il a écrit ;* $k^o\ t^e\ b$, il a été écrit ; $k^o\ t^o\ b$, des livres ; $k^a\ tt^a\ b$, il a fait écrire ; et même $k^a\ t\ b$, l'action d'écrire, tous sens très-divers et néanmoins enveloppés sous une même forme *k t b ;* car, ainsi que je l'ai dit, les voyelles brèves ne s'écrivent pas dans l'usage ordinaire ; ce n'est que dans des cas très-particuliers, pour des livres sacrés : et alors la manière dont je les ai ajoutées représente assez bien l'état de l'arabe ; car lorsqu'on les écrit, par exemple, dans le *Qoran*, on les rapporte ainsi en seconde ligne, et elles y figurent comme une broderie sur le canevas. *(Voyez planche I.re)*

Ce n'est pas tout ; l'alphabet arabe, quoi qu'en aient dit les grammairiens d'Europe, porte des voyelles, et ces voyelles, longues par leur nature, ont une valeur propre, déterminée : néanmoins il arrive sans cesse que ces valeurs sont changées par l'influence, toujours secrète, des voyelles brèves supprimées; et que, par exemple, *ĭ* devient *a*; que *a* devient *é*, ou *ŏ*, etc. Ainsi l'on écrit *rmi* il a *jeté*, et l'on dit *r*^{a}*ma* : l'on écrit âli, *sur*, *dessus* : et l'on lit ala, même alai, alaikom, *sur vous.* L'on écrit *anbia* les *prophètes*, et l'on prononce *onbia* ; *amam* les *nations*, et l'on lit *omam* ; sans compter que le bon goût est de n'avoir ni virgules, ni point-virgules, ni alinea, &c. de manière que la lecture est une divination perpétuelle, au point qu'il n'est aucun érudit arabe, persan ou turc, capable de lire couramment un livre s'il n'en a fait une préparation préalable.

Tel est le nœud radical des difficultés de la langue arabe et de ses analogues ; voilà l'obstacle qu'il s'agit de faire disparaître, et le moyen s'en indique par la chose elle-même. Puisque la difficulté ne réside point dans le fond du langage, mais dans sa forme, dans la manière de le peindre, et dans un système vicieux d'alphabet, il faut abroger ce système, et lui en substituer un plus simple et plus parfait : or, comme le système alphabétique d'Europe réunit une partie de ces conditions ; comme il nous est déjà connu, familier, et que l'on peut l'étendre et le perfectionner, c'est faire tout d'un coup un pas considérable dans la connaissance des langues asiatiques, que de le leur appliquer, et de peindre leurs prononciations par nos caractères ; c'est, pour ainsi dire, une transposition comme l'on en pratique en musique, et comme les Arabes eux-mêmes l'usitent quelquefois en écrivant de l'arabe en lettres syriaques, ou de l'arménien en arabe, ce qu'ils appellent écriture *kerchouni* : dès-lors la lecture de l'arabe, du persan, du turc, maintenant si rebutante, devient toute acquise : l'espèce de voile hiéroglyphique qui la couvrait, disparaît ; et ces langues ramenées à la condition de l'espagnol, de l'allemand, du polonais, ne demandent plus qu'un degré d'attention et de travail dont tout le monde est capable.

Telle est l'opération simple en principes et féconde en conséquences, que j'exécute en cet ouvrage. Depuis plusieurs années j'en recueille par ma propre expérience et pour mon usage des avantages qui m'en ont constaté la justesse, la solidité, et qui me font regarder comme un service rendu au commerce de publier aujourd'hui ma méthode.

Une seule objection se présente : l'on ne manquera pas de dire qu'en écrivant les langues orientales avec nos caractères européens déjà existans, secondés de quelques caractères de convention, l'on n'apprendra point à lire ni à écrire ces langues en leurs propres lettres, et qu'alors on restera privé de leurs livres, privé des moyens de correspondance ; en un mot, que l'on ne pourra les apprendre.

Je ne dénie point cette objection ; mais en l'admettant dans toute sa force, je soutiens qu'ayant à choisir entre divers inconvéniens, ceux que l'on évite sont infiniment plus grands que ceux auxquels on se soumet, qui d'ailleurs, susceptibles d'être atténués, emportent avec eux des avantages immenses et incalculables. Faisons-en la balance respective.

1.° Il découle immédiatement de mon plan de faire des dictionnaires arabe, persan et turc en lettres européennes; et ce travail ne serait pas long : car il s'agit simplement de transposer la partie orientale, et de traduire la partie latine des dictionnaires déja existans, en les réduisant à ce qui est d'utilité pratique; et cette opération est si simple, que les principes de transposition étant une fois établis, il n'est point de copiste qui ne soit capable de l'exécuter: dès-lors ces dictionnaires ramenés à la condition des nôtres, présentent tous les moyens et toutes les bases d'étude et d'instruction.

2.° Il est de fait que presque tous les livres arabes, persans et turcs, vraiment utiles ou curieux, sont traduits en nos langues d'Europe; qu'il en reste peu qui méritent la peine d'apprendre leurs langues; que malgré l'enthousiasme de quelques amateurs de la littérature orientale, elle est infiniment au-dessous de l'opinion que l'on s'en fait; et que tout bien pesé, il nous reste peu, pour ne pas dire rien, d'un grand intérêt à recevoir d'elle;

3.° Que si l'on en excepte quelques livres de dévotion chrétienne, imprimés par les Maronites, et quelques livres de géographie et d'histoire, imprimés en turc à Constantinople, tous les autres livres existant en Turquie, Arabie et Perse, sont des livres écrits à la main, par cela même, rares, coûteux, hors des moyens et de la portée des voyageurs et marchands, et, par là encore, ne pouvant être regardés comme un vrai secours pour l'étude de ces langues.

D'où il résulte que renonçant même entièrement à ces prétendus trésors littéraires, nous ne ferions aucune perte grave; et cependant je ne veux renoncer à rien : car dans mon plan, tout livre sera transposé à volonté, sans l'altération d'une syllabe; et, lu selon ma méthode, il sera aussi parfaitement entendu d'un naturel que dans le caractère arabe, encore que le lecteur le lût sans y rien comprendre.

Le seul inconvénient qui subsiste est pour la correspondance par écrit; car dans ma méthode, elle ne se trouve pas établie entre ceux qui ne connaîtraient que le système européen, ou que le système arabe. Mais j'observe à cet égard qu'en Asie la correspondance pour le commerce est très-faible, peu de naturels sachant ou voulant écrire; et que pour la diplomatique, et en général pour tout genre d'affaires, on traite bien plus par entretien que par écrit. Or si, comme il est vrai, l'entretien a une utilité bien plus habituelle, bien plus puissante, bien plus vaste, mon système qui s'y applique immédiatement compense d'abord le défaut qu'on lui reproche ; défaut d'ailleurs volontaire et momentané, rien n'empêchant les naturels eux-mêmes d'adopter ou de connaître notre alphabet, dont ils trouveraient l'écriture bien plus courante et bien plus commode, ainsi que je l'ai constaté avec des religieux Maronites à qui j'en ai communiqué les premiers essais.

Au reste, à cet inconvénient unique j'oppose une foule d'avantages importans.

1.° La facilité soudainement acquise d'une lecture ci-devant énigmatique, difficile et lente; facilité telle que je suis certain par mon expérience, d'avancer plus en six mois un élève interprète, qu'il ne le serait en deux ans par la méthode actuelle : car non-seulement il n'aura plus à vaincre les obstacles nombreux de la lecture arabe, mais encore il se trouvera affranchi d'une foule de règles de grammaire que ma méthode rend nulles : règles de *mutation* d'une voyelle en une autre : règles d'*élision*, dites de *hamza* et de *djazm* : règles de doublement ou *cheddi* : règles de *jonction*, *madda* et *ouesla* : enfin règles des terminaisons grammaticales qui forment la science du *Nahou ;* de manière que, après avoir analysé les grammaires, soit de l'école d'Adjroum, soit celle d'Erpenius, j'ai vu que plus de la moitié en devenait complètement inutile.

2.° L'avantage d'écrire avec un caractère bien plus expéditif, puisque le meilleur scribe arabe avec son roseau au lieu de plume, avec son encre grasse comme pour imprimer, et avec les délinéamens entortillés de la plupart des lettres, écrit plus lentement que le scribe européen; et que sitôt qu'il se hâte, il ne forme plus qu'un griffonnage illisible, comme celui des scribes coptes ou des marchands syriens.

3.° Mais le plus grand et le plus important avantage, c'est la facilité et l'économie pour l'impression. Dans le système arabe les frais d'impression sont tellement énormes, que pour réimprimer le Golius et le Meninski, il n'en coûterait pas moins de 1,500,000 livres; et il faudra les réimprimer, car ces ouvrages fondamentaux manquent entièrement. Dans mon plan au contraire, les frais se réduisent au prix le plus modique : d'abord j'économise tous ceux de fonte, de gravure, d'emploi des caractères infiniment compliqués; je n'ai besoin que de caractères

caractères européens déjà gravés et fondus, et d'un très-petit nombre de caractères additionnels. J'économise les protes et les correcteurs orientalistes devenus très-rares, très-dispendieux : je n'ai besoin que de protes ordinaires; en sorte que ce qui dans le système arabe coûterait 1,500,000 livres, n'en coûtera pas la dixième partie : or que l'on étende cette économie à tout ce qui s'imprimerait par la suite; que l'on calcule la facilité de mettre en circulation des livres dont aujourd'hui chaque copie manuscrite coûte cinq et six cents livres le seul in-4.°, qui imprimé et transposé ne coûterait pas 20 livres, et que l'on juge de quel côté est l'avantage.

4.° Enfin la facilité de former, à moins de frais, des interprètes qui chaque jour deviennent plus rares et plus dispendieux. Dans l'état actuel on élève des jeunes gens dès l'âge le plus tendre sans connaître leurs dispositions; pendant vingt ans l'on fait pour eux les frais d'une éducation recherchée : au bout de ce terme, sur vingt sujets, à peine deux ont-ils réussi parfaitement; en sorte qu'un bon interprète coûte réellement à la nation plus de 100,000 liv.

Au contraire, par ma méthode l'on n'a plus besoin de préparer des sujets expressément et de longue main : il se formera naturellement des interprètes, par le besoin des affaires, et par des goûts personnels. Nos négociateurs et nos négocians apprendront ces langues comme ils apprennent l'espagnol, l'italien, l'anglais ; et leur intérêt personnel combiné avec leur aptitude, deviendra la mesure de leurs succès et de leurs fortunes. Il est possible, il est même naturel que cette nouveauté éprouve des obstacles, ne fût-ce que ceux de l'habitude ; c'est au plan lui-même à se défendre par ses propres moyens : s'il est défectueux il tombera, et je n'aurai d'autre regret que de n'avoir pu atteindre le but d'utilité que je me propose : s'il est solide il résistera, et la critique même en l'épurant le fortifiera. Alors après ce premier essai de dépense, mesuré avec sagesse, le gouvernement pourra faire exécuter les dictionnaires qui en dépendent, et dix ans ne s'écouleront pas sans qu'il s'opère dans l'étude des langues orientales une révolution complète.

Appliquée au commerce, cette révolution est d'un véritable intérêt : car du sort de ces langues parmi nous, dépend en partie celui de notre commerce en Levant; et ce commerce prend une importance qui croît de jour en jour. C'est lui qui par les blés de la côte barbaresque alimente et doit alimenter le midi trop sec de la France; c'est par lui que l'Égypte nous envoie des riz, des safranons, des cafés, et elle pourrait y joindre toutes les productions des Tropiques; c'est enfin lui dont la masse, dans toute la Turquie, nous procure un mouvement de soixante-trois millions d'échanges, plus réellement riche que la possession de terres vastes et lointaines.... Et si l'on soulève un instant le voile de l'avenir, si l'on calcule que la secousse actuelle de l'Europe entraînera la subversion générale du système colonial, et l'affranchissement de toute l'Amérique; que de nouveaux états formés rivaliseront bientôt les anciens sur l'Océan atlantique; que concentrée dans ses propres limites, l'Europe sera contrainte d'y restreindre son théâtre d'industrie et d'activité; l'on concevra qu'il nous importe de nous assurer de bonne heure du bassin de la Méditerranée qui, portant nos communications dans le Nord par la mer Noire, dans le Midi par la mer Rouge, et liant à la fois l'Asie, l'Europe et l'Afrique, peut devenir à notre porte et dans nos foyers le théâtre du commerce de tout l'univers.

Que si je considérais cette révolution sous des rapports moraux et philosophiques, il me serait facile de lui développer des effets immenses; car à dater du jour où s'établiront de l'Europe à l'Asie de faciles communications d'arts et de connaissances, à dater du jour où nos bons livres traduits pourront circuler chez les orientaux, il se formera dans l'Orient un ordre de choses tout nouveau, un changement marqué dans les mœurs, les lois, les gouvernemens. Et quand on observe l'heureuse organisation de ces peuples, comparée à leur arrièrement en civilisation et en connaissances, l'on est tenté de croire que la cause première de cet arrièrement n'a résidé que dans le vice de leur système d'écriture, qui, comme chez les Chinois, rendant l'instruction difficile, a par une série de conséquences rendu plus rare l'instruction, empêché la création des livres, leur publication, leur impression, et consolidé le despotisme des gouvernemens, par l'ignorance des gouvernés.

Je termine par quelques observations sur la langue arabe. Elle passe avec raison pour l'une des plus répandues sur la terre : en effet on la parle depuis Maroc jusqu'en Perse, et depuis la Syrie jusque vers Madagascar. L'idiôme abyssin n'en est qu'un dialecte, et ceux d'une foule de peuplades d'Afrique en sont composés. On l'entend dans la plupart des ports de l'Inde; elle y fait la base d'un langage vulgaire; et si l'on remonte dans les siècles passés, on trouve que l'hébreu, le syriaque, le chaldéen, le copte et d'autres langues d'Asie ont avec elle une analogie marquée, en sorte qu'on la peut regarder comme la clef de l'Orient ancien et moderne.

Cependant il ne faut pas croire que l'arabe soit identique comme le français : au contraire il subit des différences assez sensibles d'un canton à l'autre. Un Arabe d'Alger a de la peine à se faire entendre au Caire; un Arabe de Syrie comprend difficilement un Arabe d'Yemen : la raison en est simple : les peuples arabes vivant généralement isolés et indépendans, chacun d'eux s'est fait des mots particuliers et locaux sur nombre d'objets; d'où il est résulté une distinction d'arabe vulgaire et d'arabe littéral, par laquelle chaque canton appelle *vulgaire* ce qu'il usite, et *littéral* ce qui lui est étranger, parce que cet arabe étranger se trouve consigné dans des livres qui néanmoins ont cours dans toute l'Arabie ; et ils ont cours, parce qu'il y a un fond de mots universels et communs, et une syntaxe la même pour tous. Que s'il se formait parmi les Arabes un peuple dominateur et poli, il ferait dans la totalité de ces mots un choix suffisant à peindre toutes ses idées, et il laisserait à l'écart cette inutile multitude de rédondances et de synonymes, faussement appelée richesse de langage, et qui n'en est véritablement que le chaos.

GRAMMAIRE
DE
LA LANGUE ARABE.

CHAPITRE PREMIER.

De la langue arabe ; de ses prononciations, et de ses lettres alphabétiques.

La langue arabe, ainsi que nos langues d'Europe, est composée de trois élémens de prononciation, qui sont,

1.° Les voyelles,

2.° Les consonnes,

3.° Les aspirations.

L'on appelle voyelle (a) tout *son* simple, indivisible, proféré par le gosier, sans le mélange d'aucun autre *son* qui en change la modification à l'oreille.

Ainsi *â* dans *être* est un son voyelle qui continue d'être le même, encore qu'on puisse le proférer

(a) Le mot *voyelle* vient du latin *vocalis*, *son vocal*.

sur tous les tons de la gamme musicale ; mais qui change et devient une autre voyelle sitôt que le gosier et la bouche prennent une autre ouverture, une autre disposition *(a)*.

D'où il résulte 1.° qu'il y a autant de voyelles que le gosier et la bouche prennent d'ouvertures différentes ; par conséquent, que c'est une erreur d'avoir établi et de répéter, comme on le fait tous les jours, qu'il n'y a que sept voyelles : notre seule langue française en possède dix-sept très distinctes.

2.° L'on appelle *consonnes* les *contacts* de certaines parties de la bouche, telles que les lèvres, la langue, les dents ; contacts qui par eux mêmes sont *sourds*, *non sonores* et ne se manifestent que par l'intermède nécessaire des sons voyelles qui les suivent, les précèdent ou les accompagnent. Ainsi *b*, *p* seuls et par eux-mêmes ne se peuvent

---

(a) Voici le mécanisme du *son* dans la gorge, soit de l'homme, soit des animaux. Le poumon contracté chasse l'air par le canal du larynx : cet air parvenu au tambour appelé *pomme d'Adam*, y rencontre deux membranes tendues sur ce tambour, comme on le voit dans les gosiers d'oie dont s'amusent les enfans. En passant entr'elles, il les fait frémir, et ce frémissement occasionne un son plus ou moins grave, plus ou moins aigu selon qu'elles sont plus ou moins tendues, comme cordes, et plus ou moins ouvertes, comme instrument à vent ; en sorte que le tambour vocal est un instrument partie à vent et partie à cordes.

prononcer, puisqu'ils sont un contact des deux lèvres, une véritable clôture de bouche; et dans cet état on doit les appeler *consonnes fermées*: pour les prononcer, il faut nécessairement qu'elles soient précédées ou suivies d'une voyelle, comme *pé, bé, ef, er*, et dans ce second état je les appelle *consonnes ouvertes*.

3.° On nomme *aspiration* une expulsion sèche de l'air par la gorge, sans accompagnement de *son*; c'est un souffle plus ou moins fort, mais sourd par lui-même, tel que la prononciation peinte par *h*, sur-tout chez les Allemands: c'est une espèce de consonne.

Il résulte de ces définitions, que la consonne pour être proférée, ayant besoin de l'accompagnement d'un son voyelle, elle doit être considérée comme une vraie syllabe, c'est-à-dire, comme un composé de deux élémens, ainsi que l'exprime son nom, *consonans, sonnant avec un autre*; tandis que le son vocal pur, ou voyelle, est un élément unique et indécomposable de la parole: et cette observation aura le mérite de nous donner la solution de plusieurs difficultés de l'alphabet arabe.

Non-seulement les Arabes parlent comme nous avec des voyelles, des consonnes et des aspirations; ils ont encore avec nous cela de commun, d'avoir représenté chacun de ces élémens de la parole par des signes attachés à chacun d'eux, et appelés vulgairement *lettres alphabétiques.*

Mais là commencent plusieurs différences. Nos lettres européennes venues des Romains se ressemblent toutes à peu-près de nation à nation ; celles des Arabes au contraire sont originales dans leur genre : nous écrivons de gauche à droite ; les Arabes écrivent de droite à gauche : nous ne comptons que vingt-cinq lettres ; les Arabes en comptent vingt-huit : nous écrivons tous les sons que nous prononçons ; les Arabes n'en écrivent presque réellement que la moitié. Voilà les différences qu'il s'agit de faire disparaître, et pour cet effet il faut les bien connaître et les bien analyser.

Si l'on en croyait quelques grammairiens européens, les vingt-huit lettres de l'alphabet arabe seraient toutes des *consonnes ;* mais si, comme il est vrai, les consonnes ne se peuvent prononcer sans voyelles, il faut, ou que plusieurs de ces lettres représentent des voyelles, ou qu'il y ait des voyelles supplémentaires à l'alphabet ; et ces deux cas se trouvent également vrais.

Nous allons donner le tableau des vingt-huit lettres arabes, telles que les rangent ordinairement les grammairiens : il est indispensable au lecteur de l'examiner avec attention, afin de bien saisir les

(N.° 1.)

ALPHABET ARABE

Selon l'ordre vulgaire.

	Lettres arabes.	Valeur en français.		Lettres arabes.	Valeur en français.
1	ا	..... a	15	ض	
2	ب	..... b	16	ط	
3	ت	..... t	17	ظ	
4	ث		18	ع	
5	ج	..... dj	19	غ	
6	ح		20	ف	..... f
7	خ		21	ق	
8	د	..... d	22	ك	..... k
9	ذ		23	ل	 l
10	ر	..... r	24	م	..... m
11	ز	..... z	25	ن	..... n
12	س	..... s	26	و	..... ou
13	ش	..... ché	27	ه	..... h
14	ص		28	ي	 i

raisonnemens dont il va être le sujet. *(Voyez le Tableau ci à côté.)*

D'abord l'on remarquera que, sur ces vingt-huit lettres, dix-sept représentent des prononciations absolument les mêmes que dans notre langue française; en conséquence, je les exprime par nos propres lettres, sauf quelques observations qui suivront ci-après.

Il reste onze lettres qui peignent des prononciations qui nous sont étrangères, et qu'il s'agit de bien définir afin d'y attacher des signes propres et particuliers.

I.° La quatrième lettre ث, est la même que le θ *(thêta)* des Grecs, et le *th* dur des Anglais dans les mots *think (penser)*, *with (avec)*; et non le *th* doux comme dans *these (ceux-là)*, *thère (là)*: pour prononcer cette lettre il faut appliquer le bout de la langue contre les dents supérieures; il en résulte un sifflement tenant de l'*s*, mais que l'on ne peut bien exécuter qu'avec les leçons d'un maître. Dans quelques provinces d'Espagne le ʒ se prononce de la même manière: les Français, les Allemands, les Italiens ne connaissent point cette consonne.

Chez les Arabes elle n'est pas universellement usitée. En Barbarie, à Bagdad, à Basra, dans le désert et l'Arabie propre, on la prononce exactement; mais les Syriens et les Égyptiens lui substituent tantôt le *t* et tantôt l'*s* ; ainsi ils ne disent point ثلاثة trois, mais telâté.

II.° La sixième lettre ح est une pure aspiration sèche, un véritable *h* plus dur que le nôtre. Je ne connais en Europe de comparaison à lui donner que la manière dont les Florentins prononcent le *c* devant *a*, *o*, *u* : car ils ne disent pas *casa*, *core*, *cavallo* ; mais avec une aspiration forte et sèche, *hasa*, *hore*, *havallo* ; ils rendent réellement le ح (*hâ*) arabe.

III.° La septième lettre خ dont la figure ne diffère de la précédente qu'en ce qu'elle porte un point, est le *jota* des Espagnols, *ch* des Allemands, (*buch*, *un livre*) ; c'est encore l'χ des Grecs. Pour la prononcer il faut supposer que l'on veut cracher : dans cette position la *luette* touche légèrement le voile du palais, et il en résulte une consonne que l'on n'imite bien qu'en l'entendant.

IV.° La neuvième lettre ذ est le *th* doux des Anglais dans les mots *those*, *thère*, *that*. Nul autre peuple ne l'usite en Europe : parmi les Arabes même, plusieurs pays ne l'usitent pas ; l'Égypte et la Syrie la remplacent constamment par *d* et par *z*.

V.° La quatorzième lettre ص est un véritable *s*, avec cette différence qu'il veut pour être prononcé un gonflement de gorge qui lui donne un ton dur et emphatique.

VI.º La quinzième ض est un *d* prononcé avec la même emphase de dureté.

VII.º La seizième ط est un *t* également dur et emphatique.

VIII.º La dix-septième ظ est un *z* pareillement dur et emphatique.

IX.º La dix-huitième ع est un véritable *à* prononcé de la gorge, à la florentine : il faut l'avoir entendu pour le bien concevoir.

X.º La dix-neuvième غ est tout simplement l'*r* grasseyé à la manière des Provençaux ou des Parisiens.

XI.º Enfin, la vingt-unième ق a dans sa formation quelqu'analogie avec le *jota* espagnol ou arabe ; car elle se prononce aussi avec la luette et le voile du palais ; seulement elle exige un contact complet : il faut l'entendre pour la concevoir ; nul peuple d'Europe ne la connaît. Chez les Arabes bédouins, et dans la haute Égypte on la prononce *ga, ge, geu ;* à Damas on la supprime brusquement, ce qui produit un hiatus ou bégaiement fort désagréable à l'oreille : nos Européens la prononcent défectueusement, *ca, co,* &c. ; mais alors même il y a de cette lettre à la suivante ك cette différence, que cette dernière est toujours prononcée comme un *k* mouillé, c'est-à dire comme un *k* suivi d'*i*, ce qui s'opère en couchant la langue contre le palais : on dit *kia*, *ké*, *ki*, *kio*, &c. *(a)* tandis que dans l'autre, ق, la langue ne touche que par sa racine le voile du palais, et que l'on prononce d'une manière sèche et rude *ga*, *go*, *gou*, presque comme dans *quoique (b)*.

A l'égard des dix-sept prononciations semblables aux nôtres, nous observerons que la cinquième lettre *djé*, se prononce diversement selon les pays : en Égypte on dit *ga*, *gué*, *gui*, &c. ; en Barbarie, en Syrie et dans l'Arabie propre, l'on dit *dja*, *djé*, *dji*, &c.

De même le ك *kef*, se prononce chez les Bédouins, comme le *cz* des Russes et des Polonais, c'est-à-dire presque comme notre *tché*, quoique plus doux : ainsi les Bédouins ne disent pas, comme les Égyptiens et les Syriens *kelb*, un chien, mais *tchelb* ou *tsielb*.

Il nous reste à remarquer que sur ces vingt-

(*a*) Cette différence est très-marquée dans les mots *qalb*, cœur, et *kalb*, chien : pour peu que l'on s'écarte de la juste prononciation, on commet une équivoque risible, comme ce prédicateur qui disait *élevez votre chien à Dieu*, pour dire élevez votre cœur.

(*b*) Nous ne parlons point du lamalef لا dont quelques-uns font une vingt-neuvième lettre, mais qui n'est que la réunion de l'*a* et de l'*l*.

huit lettres, quatre sont de véritables voyelles, savoir ; *a*, *ï*, *ou* et *a* guttural, ou aïn ; mais de plus, les Arabes employent dans leur écriture d'autres signes qui, pour n'être pas compris dans l'alphabet, n'en sont pas moins des caractères alphabétiques, de véritables lettres voyelles, ainsi que nous allons le démontrer.

Et tels sont d'abord les trois signes appelés *motions* ou *points-voyelles* figurés َ , ِ , ُ ; ces signes, il est vrai, n'existent jamais seuls, et ils ne se montrent que comme des parasites, toujours attachés à d'autres lettres consonnes ou voyelles dont ils déterminent et modifient la prononciation, comme dans cet exemple بَ *ba*, بِ *bi*, بُ *bo* ; mais si d'un côté ils n'existent que par d'autres lettres, il est certain d'une part que ces lettres, sur-tout les consonnes, ne peuvent se proférer sans eux, au point que l'absence des points-voyelles cause des équivoques qui ne se résolvent qu'en les retraçant. Rendons ceci plus sensible par la répétition de l'exemple déjà cité dans le discours préliminaire ; nous y avons vu que les trois lettres *k*, *t*, *b*, forment un mot arabe écrit ainsi كتب : composé comme il l'est, de trois consonnes, l'on ne peut le prononcer, il veut des voyelles ; or, selon les signes-voyelles qu'on lui ajoutera, il prendra des sens différens, ainsi qu'on le voit dans les mots suivans :

كَتَبَ	*k*^{a} *t*^{a} *b*,	il a écrit ;
كُتِبَ	*k*^{o} *t*^{e} *b*,	il a été écrit ;
كُتُب	*k*^{o} *t*^{o} *b*,	des livres ;
كَتَّبَ	*k*^{a} *tt*^{a} *b*,	il a fait écrire :

tous sens divers, déterminés seulement par les voyelles supplétives et sur-ajoûtées, d'où il résulte plusieurs considérations remarquables.

La première est que l'écriture arabe, telle qu'elle se pratique, c'est-à-dire, sans les points-voyelles, ne présente réellement que la moitié des mots, que leur squelette, à qui il faut ajouter les ligamens et les muscles ; et cette addition de ce qui manque, en fait une divination perpétuelle qui constitue sa difficulté.

La seconde est que lorsque cette écriture est armée de tous ses signes et points accessoires, on peut dire qu'elle est écrite sur deux et même sur trois lignes ; l'une composée des caractères majeurs ou alphabétiques, et les deux autres composées des signes mineurs ou additionnels.

Or, comme cette distinction d'élémens qui sont réellement de même nature, est non-seulement inutile,

inutile, mais encore défectueuse, ainsi qu'on le voit, il est bien plus simple de les faire tous rentrer dans une meme ligne, et de rendre l'écriture une et complète *(a)*.

La troisième est que les trois *points-voyelles* ont précisément le même son que les trois grandes voyelles de l'alphabet *A, Ï, ou*, avec cette différence qu'ils ont brève la valeur que les grandes voyelles ont longue; ce qui est constaté 1.° par l'oreille; car pour quiconque a écouté parler les Arabes et analysé leur système de prononciation, il est démontré que le premier point-voyelle appelé *fâtha* ˊ a le son d'*a* bref; le second appelé *kesré* ˏ a le son d'*i* bref, et plus souvent d'*é*; et que le troisième appelé *domma* ُ a le son d'*o* et d'*ou* brefs; 2.° par la figure même de ces trois points-voyelles; car il est évident à l'œil attentif que le *domma* ُ n'est que le diminutif de و; le *fâtha* ˊ celui d'alef ا, et même le *kesré* ˏ celui de l'*iê* souvent rendu par ces traits non ponctués ى ى ـــ

Il résulte de là que la langue arabe nous présente

(a) Il résulte encore de là que cette écriture est purement syllabique, et si l'on en recherche la raison, on la trouvera sans doute dans la définition que nous avons donnée de la consonne. Il paroît que les premiers grammairiens ayant remarqué, comme nous, que la consonne emportait nécessairement avec elle sa voyelle, ils n'en firent qu'un tout, et qu'ils se contentèrent de peindre un seul signe représentatif des deux élémens.

déjà au moins sept voyelles très-caractérisées, savoir, quaire alphabétiques ou majeures :

ا â
ي î } longs,
و ou

ع a guttural ;

et trois supplémentaires ou mineures :

َ a bref,
ِ i bref,
ُ o bref.

Et il est remarquable que cette distinction de longues et de brèves est très sentie dans la prosodie et dans la cadence des vers arabes ; ce qui établit un rapport sensible avec les voyelles longues et les voyelles brèves des Latins et des Grecs qui, comme l'on sait, reçurent leurs alphabets de l'Asie, et qui ont conservé aux lettres un ordre et une dénomination très-rapprochées de l'arabe *(a)*.

Mais ce n'est pas tout : ces mêmes *points-voyelles*

(a) L'alphabet grec est évidemment modelé sur le syriaque à 22 lettres, dont les Arabes ont pris, comme l'on sait, jusqu'à la figure, et auquel ils ont ajouté quelques lettres très-faciles à reconnaître, puisqu'ils n'ont fait qu'ajouter des points à celles qui existaient. Il est d'ailleurs remarquable que les Grecs ont aussi précisément sept voyelles, et qu'ils semblent avoir fait une opération analogue à celle que j'exprime aujourd'hui, en faisant rentrer tout ce qui était sous-entendu ou tracé dehors.

appliqués aux voyelles majeures de l'alphabet, les modifient encore de manière qu'il en résulte de nouvelles voyelles, distinctes des unes et des autres, et formées à la manière de nos diphtongues: c'est ce que va rendre sensible le tableau suivant.

EXEMPLE.

1	آ	vaut... â.
2	إ	...... é.
3	أُ	...... o.
4	ـَيْ	...... ai *ou* ê.
5	ـِيْ	...... î.
6	ـُيْ	...... *Incompatible.*
7	ـَوْ	...... aû *ou* ô.
8	ـِوْ	...... *incompatible.*
9	ـُوْ	...... oû.
10	عَ	...... a guttural.
11	عِ	...... è guttural.
12	عُ	...... o *ou* eû guttural.

Ce tableau analysé nous fournit cinq nouvelles voyelles; savoir:

Le n.° 2, إ a combiné avec *i*, que les Arabes prononcent exactement *é*.

Le n.° 4, يَ *a* bref avec *i*, faisant *ai* ou *è*, comme dans le français.

Le n.° 7, وَ *a* bref devant *ou* faisant *ô* long, précisément comme *au* français.

Le n.° 11, عِ aïn avec *i* bref faisant *è* guttural ouvert et aigu.

Le n.° 12, عُ aïn avec *ou* bref faisant *o* ou *eu* guttural.

Enfin il faudrait aussi compter pour voyelle distincte le n.° 3, أُ â avec *ou* bref faisant *o* moyen; mais comme le *domma* lui-même se prononce *o*, il devient inutile de multiplier les êtres.

Maintenant si nous comptons les voyelles arabes au total, nous en trouverons effectivement douze, comme on peut le voir au tableau ci-après. *(Voyez le tableau n.° 2.)*

A quoi il faut joindre les trois *nunnations* ou nazalemens, *on* ٌ *an* ً *en* ٍ; terminaisons fréquentes des mots dans l'arabe littéral : ce qui présente, comme l'on voit, un canon alphabétique bien plus étendu qu'on n'a voulu le croire jusqu'à ce jour.

Or si, comme il est vrai, la perfection d'un alphabet consiste à offrir la liste complète de toutes les prononciations d'une langue, et à peindre chaque voyelle ou consonne d'un signe propre et distinct, simple et indivisible comme elle, il est évident que l'alphabet actuel des Arabes n'est pas moins défectueux que la plupart de nos alphabets d'Europe : qu'il se ressent comme eux de l'inexpérience des siècles où il fut composé (*a*), et que c'est rendre un vrai service à la science et à la communication des peuples que de le ramener à un état de précision et de simplicité qui débarrasse la langue de ses difficultés accessoires : c'est ce que j'ai exécuté dans le tableau ci-joint, dont je vais donner l'analyse. Tous les signes de l'écriture arabe s'y trouvent rassemblés ; tous y reçoivent un équivalent en caractères européens déjà existans ou de convention ; ils y sont tellement combinés qu'ils forment un système d'écriture homogène et régulier avec lequel l'arabe, le persan, le turc, et toutes langues peuvent s'écrire comme on les parle. Dans la description des lettres, je n'ai point suivi la routine accoutumée qui mêle indistinctement les voyelles, les consonnes, les aspirations : je procède par un ordre méthodique fondé sur la nature des prononcia-

---

(*a*) La bonne composition d'un alphabet est un ouvrage plus abstrait, plus difficile qu'on ne le pense communément : ce n'est pour ainsi dire qu'en ces derniers temps que l'on en a bien conçu le mécanisme : ceux de toutes les langues d'Europe sont à refaire, particulièrement ceux des langues anglaise et française dont l'incohérence et la barbarie sont dignes des siècles qui les ont vu naître.

tions, et les considérant relativement aux organes dont elles émanent, je les classe par familles d'espèces semblables, ainsi que le tableau va l'expliquer clairement.

Voyez le tableau général ci-contre (n.° 2), et suivez attentivement le renvoi de chaque numéro à chaque lettre : l'intelligence de tout cet ouvrage dépend entièrement de celle de ce tableau.

ANALYSE DU TABLEAU.

a long.

Le n.° 1.er offre sous plusieurs formes un même â ouvert ou long (*a*), tel que nous le prononçons dans *âtre* (du feu) *maître*.

Je n'ai donné à l'a qui leur correspond, ces trois modifications, a, a', ä, que pour indiquer les formes diverses de l'alef arabe. La plus remarquable ä sera toujours affectée à l' ي

EXEMPLE.

رمي ramä, *il a jeté*. ملي malä, *il a rempli*.

En général cet a représentant l'alef dans toutes ses modifications, doit être et sera toujours peint dans mon systeme par l'a romain, tandis que le

---

(*a*) En Syrie, sur-tout à Alep, on prononce volontiers cet A en E; et dans quelques endroits, tel que le canton de Sidnaïa, on le prononce ô; mais ce sont des prononciations vicieuses.

(N.° 2.)

ALPHABET ARABE,

Transposé en caractères Européens, à l'usage des Voyageurs et Négoci
et en Afrique.

	NOMBRE.	LETTRES ARABES.	LETTRES EUROPÉENNES.	VALEUR DES LETTRES.	EXEMPLES.	OBS
VOYELLES.	I.	1 اَ 2 آ 3 ىٰ	1 â, 2 a', 3 ä,	â ouvert *ou* long....	*comme dans* bleuâtre.	Les six fi
	II.	d'arab *il a frappé*, ضَرَبَ (ـَ)	*a*	a bref............	parasol.	toutes à lon
	III.	ed'reb *frappe*, إِضْرِب (ـِ) إِ	é	e moyen..........	espérance.	cette lettre; distinction
	IV.	omm° *mère*, أُمّ (ـُ) أُ	o	o moyen *ou* bref....	obole.	des signes p
	V.	bait *maison*, بَيْت يْ	ai	ai *ou* ê	maître.	
	VI.	.... يِ	î *ou* ï	î long	île (en mer).	ramă
	VII.	.... (ـِ)	*i*	i bref............	fini.	Cette fig
	VIII.	sωq *marché*, سُوق وُ	ω	oû français	voûte.	le n.° III, n; les terminai
	IX.	sôt *la voix*, صَوت وَ	ô	ô profond	môle.	
	X.	ɑdl *justice*, عَدْل عَ	ɑ	â du fond de la gorge.		D'e
	XI.	ɐlm *science*, عِلْم عِ	ɐ	è de même.		Ai
	XII.	ord' *honneur*, عُرْض عُ	o	ô *et* eû de même.		

ALPHABET ARABE,

en caractères Européens, à l'usage des Voyageurs et Négocians en Asie et en Afrique.

TTRES ARABES.	LETTRES EUROPÉENNES.	VALEUR DES LETTRES.	EXEMPLES.
1 ا ا 2 أ آ 3 ى	â, a', ä,	â ouvert *ou* long....	*comme dans* bleuâtre.
il a frappé, ضَرَبَ (َ)	*a*	a bref............	parasol.
frappe, إضْرِب (ِ) إ	é	e moyen..........	espérance.
mère, أُمّ (ُ) أُ	o	o moyen *ou* bref....	obole.
maison, بَيْت يَ	ai	ai *ou* ê	maître.
.... يِ	î *ou* ï	î long	île (en mer).
.... (ِ)	*i*	i bref............	fini.
marché, سُوق وُ	ω	oû français	voûte.
la voix, صَوت وَ	ŵ	ô profond	môle.
justice, عَدْل عَ	ā	â du fond de la gorge.	
science, عِلْم عِ	ɐ	è de même.	
honneur, عُرْض عُ	ơ	ò *et* eù de même.	

OBSERVATIONS.

Les six figures n.° I.er se prononcer toutes *â* long, et doivent se peindre pa cette lettre; mais pour conserver leu distinction, il convient de leur attache des signes propres, comme â pour ى

EXEMPLE.

rama رَمَى *il a jeté.*

Cette figure n.° VII, la même que da le n.° III, ne doit se rendre par *i* que da les terminaisons grammaticales.

EXEMPLE.

b'esmi allâhi.

Au nom de Dieu.

بِسْمِ اللهِ

VOYELLES.	IV.	omm^e *mère*, (ُ) أُمّ	أُ	o	o moyen *ou* bref....	obole.
	V.	bait *maison*, بَيت	يْ	ai	ai *ou* ê	maître.
	VI.	....	ي	î *ou* ï	î long	île (en mer).
	VII.	....	(ِ)	*i*	i bref............	fini.
	VIII.	soق *marché*, سُوق	وُ	ω	où français	voûte.
	IX.	sôt *la voix*, صَوت	وَ	ô	ô profond	môle.
	X.	adl *justice*, عَدْل	عَ	a	à du fond de la gorge.	
	XI.	elm *science*, عِلْم	عِ	e	è de même.	
	XII.	ord' *honneur*, عُرْض	عُ	o	ò *et* où de même.	
ASPIRATIONS.	I.	hω *lui*, هُو	ه	h	h français	honte.
	II.	horriat *liberté*, حُرِّيَة	ح	ħ	h très-dur	DÉNOMINATION.
CONS	I.	Labiales............	م	m	....	ma.
	II.		ب	b	....	bé.
	III.	Labiodentale.........	ف	f	....	fi.
	IV.	Dentales douces.......	د	d	....	da.
	V.		ض	d'	d' dur	d'o.
	VI.	Dentales dures........	ت	t	....	ta.
	VII.		ط	ŧ	ŧ dur	ŧo.
	VIII.	Zedantes douces.......	ذ	ʒ	th anglais doux *(those)*.	ʒal.
	IX.		ث	θ	th anglais dur *(think)*.	θêta grec.
	X.	Zedantes dures........	ز	z	z	zed.
	XI.		ظ	ʒ	ʒ dur	ʒo.

ratail

Cette fig
le n.° III, n
les terminait

b'e
Au

A la fin
points et s
Il devra
tinguer de
l's romain

Les Ara
appeler va
comme m

mère,	أُمّ (ُ)	أُ	o	o moyen *ou* bref....	obole.
maison,	بَيْت	يَ	ai	ai *ou* ê	maître.
....		ي	î *ou* ï	î long	île (en mer).
....		(ِ)	*i*	i bref............	fini.
marché,	سُوق	وُ	ω	oû français	voûte.
la voix,	صَوت	وَ	ꞷ	ô profond	môle.
justice,	عَدْل	عَ	ʌ	à du fond de la gorge.	
science,	عِلْم	عِ	ɐ	è de même.	
honneur,	عُرْض	عُ	ɤ	ò *et* eù de même.	
lui,	هُو	ه	h	h français	honte.
liberté,	حُرِّيَّة	ح	ћ	h très-dur	DÉNOMINATION.
...les............	م		m	....	ma.
	ب		b	....	bé.
...odentale.........	ف		f	....	fi.
...ales douces.......	د		d	....	da.
	ض		đ	đ dur	đo.
...ales dures........	ت		t	....	ta.
	ط		ŧ	ŧ dur	ŧo.
...ntes douces.......	ذ		ʒ	th anglais doux *(those)*.	ʒal.
	ث		θ	th anglais dur *(think)*.	θêta grec.
...ntes dures.......	ز		z	z	zed.

des signes propres, comme ā pour رَيْ

EXEMPLE.

ramā رَمَيْ *il a jeté.*

Cette figure n.° VII, la même que dans le n.° III, ne doit se rendre par *i* que dans les terminaisons grammaticales.

EXEMPLE.

b'esm' allâh'.
Au nom de Dieu.

بِسْمِ اللّٰهِ

A la fin des mots ة prend souvent deux points et se prononce *at* et *et*.

Il devra s'accentuer *ăt*, afin de le distinguer de ات qui s'écrira toujours avec l'a romain ât.

Les Arabes n'ont point le *v*, qu'il faut appeler *va*, et qui est la mineure de *fi*, comme *m* du *bé*, et *bé* du *pé*.

des mots
qu'avec de...
arrive sur-to...
par une voyell...
...LE.
...ne fois seule : ce...

CONSONNES.	II.		ب	b	....	bé.
	III.	Labiodentale..........	ف	f	....	fi.
	IV.	Dentales douces.......	د	d	....	da.
	V.		ض	ɗ	ɗ dur	ɗo.
	VI.	Dentales dures........	ت	t	....	ta.
	VII.		ط	ŧ	ŧ dur	ŧo.
	VIII.	Zedantes douces.......	ذ	ʒ	th anglais doux *(these)*.	ʒal.
	IX.		ث	θ	th anglais dur *(think)*.	θéta grec.
	X.	Zedantes dures........	ز	z	z	zed.
	XI.		ظ	ȝ	ȝ dur	ȝo.
	XII.	Siflantes.............	س	s	s	sa.
	XIII.		ص	ş	ş dur	şo.
	XIV.	Chuchotantes..........	ج	dj	....	dja.
	XV.		ش	φ	ch français, *sh* anglais.	ch
	XVI.	Linguales............	ر	r	r	ra.
	XVII.		ل	l	l	le.
	XVIII.		ن	n	....	no.
	XIX.	Glottales............	غ	γ *gamma* grec.	r grasséyé..........	γamma.
	XX.		خ	χ *jota* espagnol.	....	χota.
	XXI.		ق	q *ou* ga	....	qâf
	XXII.	Palatiale............	ك	k	k	ké.
Total.	36.	(ٍ on), (ً an), (ٍ en)				

Les A
appeler
comme

………	م	m ………	………	ma.	l'a romain ût.
	ب	b ………	………	bé.	
………	ف	f ………	………	fi.	Les Arabes n'ont point le *v*, qu'il faut appeler *và*, et qui est la mineure de *fi*, comme *m* du *bé*, et *bé* du *pé*.
	د	d ………	………	da.	
res………	ض	d' ………	d' dur ………	d'o.	
	ت	t ………	………	ta.	
es………	ط	ṭ ………	ṭ dur ………	ṭo.	
	ذ	ȥ ………	th anglais doux *(these)*.	ȥal.	
res………	ث	θ ………	th anglais dur *(think)*.	θêta grec.	
	ز	z ………	z ………	zed.	
s………	ظ	ʒ ………	ʒ dur ………	ʒo.	
	س	s ………	s ………	sa.	
………	ص	ṣ ………	ṣ dur ………	ṣo.	
	ج	dj ………	………	dja.	
………	ش	ɸ ………	ch français, *sh* anglais.	ch	
	ر	r ………	r ………	ra.	
………	ل	l ………	l ………	lé.	
	ن	n ………	………	no.	
	غ	γ *gamma* grec.	r grasséyé………	γamma.	
………	خ	χ *jota* espagnol.	………	χota.	
	ق	q *ou* ga ………	………	qâf.	
………	ك	k ………	k ………	ké.	

an), (ً en)

A L

Transposé en caractères

	NOMBRES.	LETTRES ARABI
VOYELLES	I.	ب ا
	II.	d'arab *il a frappé*, ضرب
	III.	ed'reb *frappe*, إضرب (
	IV.	omm° *mère*, أم (
	XIX.	
	XX.	Glottales.............
	XXI.	
	XXII.	Palatiale..............
Total.	36.	(on), (an), (

fatha َ ou *a bref*, n.° II, sera toujours peint par l'*a* italique ; ce qui conservera même dans l'alphabet transposé la distinction de l'a *radical* avec l'*a motion*.

Il est à remarquer qu'à la fin des mots féminins le ة se prononce aussi *a*, et qu'avec deux points ة il se prononce *at*, ce qui arrive sur-tout quand le mot suivant commence par une voyelle.

EXEMPLE.

marràt oûâhedàt ; *une fois seule* : cet *a* sera peint par *àt* italique accentué en *à* pour le distinguer des terminaisons d'une autre espèce.

e.

Le n.° III est notre *e* moyen, comme dans *espérer* : il est formé de deux manières en arabe, tantôt par إ, tantôt par kesré seul ِ : le son est exactement le même en arabe qu'en français ; mais pour en distinguer la source, je peindrai toujours إ par e romain, et le kesré par *e* italique. D'ailleurs il faut remarquer une fois pour toutes que jamais le kesré ِ n'a lieu que dans le corps des mots, et que quand ils commencent par E, c'est toujours إ.

EXEMPLE.

ektob, *écris*. اُكْتُبْ

ermi, *jette*. إِرْمِ

(4)

O.

Le n.° IV a également le son d'*o* sous deux formes : la première أُ a lieu sur-tout au commencement des mots.

EXEMPLE.

omm, *mère*. أُمّ

omam, *nations*. أُمَم

onȝor, *regardes*. أُنْظُر

La seconde ُ n'a jamais lieu au commencement, mais seulement après d'autres lettres. Par exemple, ȝ*or* dans onȝor قُبْرُس : qobros, *l'île de Chypre*.

Ces figures sont quelquefois prononcées *eu*, *e*, et *ou* bref, selon les divers peuples. Par exemple, les Alepins disent *eumm*, mère ; les Turcs même les prononcent *u* ; mais il suffit de savoir que o représente أُ et ُ, pour lui donner ensuite la valeur usitée dans le pays.

ai ou *ê*.

Le n.° V est absolument notre *ai* français dans *maître*, le même que *ê* ouvert dans *être*, *fenêtre*. J'avoue que c'est un défaut de représenter ce son par les deux lettres *oi*; mais il en résulte un avantage précieux, en ce que très-souvent un nombre singulier en *oi* ne fait que retourner au pluriel la diphtongue, et se prononce en *ia*.

EXEMPLE.

doir, *maison*; diâr, *les maisons*; boir, *puits*; biâr, *les puits*. Dans tous les cas, l'*i* radical se remontre d'une manière ou d'une autre.

EXEMPLE.

boit, *maison*; bieat, *plusieurs maisons*; qoix, *vieillard*; qioax, *les vieillards*: et cet avantage ne se trouverait pas dans la lettre *é*.

i long.

Le n.° VI est notre *î* bien appuyé, bien senti: il sera toujours peint *ï* ou i.

i bref.

Le n.° VII est une seconde fois le kesré ⁻, avec cette différence que prononcé *é* dans le corps des mots de l'arabe vulgaire, il se prononce *i* dans l'arabe littéral ou savant, sur-tout dans les terminaisons grammaticales; en conséquence je distinguerai toujours cet état par l'*i* italique, qui évitera toute confusion avec l'i romain affecté pour l'i radical.

ω.

Le n.° VIII est notre son voyelle *ou*. Ce son étant simple, indivisible, c'est un défaut de le peindre par deux lettres ; je leur substitue donc le double w des Anglais, sous une forme commode à écrire ω.

ώ *ô* ouvert.

Le n.° IX est notre son voyelle ô ouvert, le même que *au* dans *pauvre* : il est à remarquer que l'arabe le forme de la même manière que nous par la réunion d'*a* et d'*ou*. Je l'ai représenté par ώ surmonté d'un petit *a*, parce que cette diphtongue se renverse comme la précédente.

EXEMPLE.

ṡaωt *la voix*, aṡωât *les voix*, zaωdj *le mari*, zωadjât *les maris*.

ȧ a guttural.

Le n.° X représente l'à guttural pur et simple.

ė è guttural.

Le n.° XI est l'è guttural, qui a lieu sur-tout à la fin des mots. EXEMPLE : qâtė, *tranchant*.

ȯ ò guttural.

Enfin, le n.° XII est un son guttural, prononcé tantôt comme ò et tantôt comme *eu*.

EXEMPLE.

oqod, *assied-toi;* el borqo (en), *voile du visage.*

Ces différences dépendent de l'usage du pays; il suffit de savoir que l'aïn affecté d'un domma ٗ, est représenté par o.

A ces voyelles il faut ajouter les trois finales nazales *on*, *en*, *an* qui n'introduisent aucun son nouveau, et que par cette raison nous exprimons avec des figures déjà employées; il n'en résulte pas de confusion pour *on* et *en*, en ce que nulle autre terminaison ne leur ressemble : mais *an* ayant deux analogues, veut des signes distinctifs. Nous avons donc approprié la figure *an* italique, à ً pur et simple.

EXEMPLE.

d'*arban*, *coup;* ضَرْبًا

celle de a'*n* à اً ...... d'*arbâ'n;* ضَرْبًا

et celle de a*n* simple à انّ ... *ethnan* اثْنان

Des Aspirations.

h doux.

Le n.° 1 est notre *h* dans les mots *hente*, *Hollande;* les Arabes en font une consonne qu'ils emploient ouverte ou fermée également.

EXEMPLE.

hawâ, *l'air.*
behi, *beau.*
bahbah, *gaité, amusement.*
nahr, *ruisseau.*
onhor, *les ruisseaux.*

Il ne faut pas prononcer *bêi*, *nâr*, *ener*; mais *be-hi*, *na hr*, *en-hor*, en faisant bien sentir l'*h*, sans quoi il naîtrait mille équivoques; par exemple: nar, veut dire feu; *nehar*, jour; *bêi*, en moi.

ħ dur.

Le n.° 11 est l'ħ dur, prononcé d'une manière forte : les voyageurs européens l'expriment souvent par deux *hh*; mais comme ils ajoutent aussi un *h* à plusieurs consonnes telles que d', *ch*, etc., il en résulte une répétition d'*h* dans un même mot, qui en détruit la simplicité. La figure que nous adoptons évite ce défaut; elle est facile à peindre, et facile à distinguer du petit *h* par son ligament supérieur, qui dans l'écriture devra toujours être bouclé ainsi ħ, tandis que l'*h* mineur sera toujours un trait sec.

L'ħ dur est une des lettres arabes les plus difficiles à prononcer, sur-tout lorsqu'il est dans l'état de consonne fermée. Par exemple:

daħradj, *degré*; aħmar, *rouge*.

mah̃kamat *tribuñal*.

Quelquefois il n'a pas même de voyelle devant lui, comme dans malh̃, *sel*.

Alors il faut supposer qu'il y a un è, et prononcer brièvement malèh̃.

Mais un maître seulement peut bien diriger ces prononciations.

Le reste des consonnes a moins de difficultés : il n'en existe point sur *m*, ni sur *b*. Les Arabes n'ont pas le *p*, qui est la troisième labiale ; ils le trouvent trop dur et le remplacent par *b* ; mais les Turcs et les Persans l'ont et le peignent par پ

Les Arabes manquent aussi du *vé*, quoique la plupart des drogmans européens veuillent prononcer ainsi le و ; mais c'est une prononciation vicieuse qu'ils imitent des Turcs, dont ils sont les élèves.

Le *fé* qui est la consonne majeure de *vé*, est chez les Arabes le même que chez nous.

Il en est ainsi de toutes les lettres suivantes, lorsqu'elles n'ont pas de forme ou de signe particulier ; il nous suffira d'expliquer celles qui ont de nouveaux signes.

Le n.° v exprime le ď dur : nous l'avons distingué du *d* doux, en lui attachant au sommet de la tige un ligament qui tient de l'*o* ; ce qui convient d'autant mieux, que ce d', dans sa prononciation, semble imprimer le son d'o à toutes les voyelles qui l'approchent.

La même observation a lieu pour les trois autres consonnes T dur, n.° VII; Z dur, n.° XI; S dur, n.° XIII; aussi leur attachons-nous le même signe, et dans leur dénomination les distinguons-nous par la voyelle *o* qui les suit et qui retrace leur caractère *(a)*.

Le n.° VIII représente le **Zal**. Les Égyptiens et les Syriens lui substituent tantôt *d*, tantôt *z*, comme nous l'avons dit : il suffira de savoir que par-tout il sera peint par notre z barré, comme l'on voit dans le tableau, sauf à le prononcer selon l'usage des lieux.

Le n.° IX est le θêta grec que nous adoptons sans altération comme une lettre simple et commode, sauf encore à la prononcer *t* ou *s*, à la manière des Syriens et Égyptiens; car ils prononcent *etnân* pour *eθnân* deux.

Le n.° XII est notre *s*, qui jamais ne doit prendre dans l'arabe le son de z que nous lui donnons dans *rose*, *chose*.

Le n.° XIV, dj, a l'inconvénient de porter deux

(a) La planche gravée indique la manière de tracer ces signes distinctifs, d'une manière courante dans l'écriture. *(Voyez pl. 1.re)*

lettres à la fois, mais les Arabes les font sentir très distinctement; et l'on ne peut employer ici le *g* italien, parceque devant a, o, ω, il faudrait ajouter un *i*; que si l'on prononçait *ga*, *ge*, à la manière des Égyptiens, il faudrait ajouter *u* devant *é* et *i*, pour faire *gué*, *gui*, ce qui romprait la simplicité que l'on doit se proposer. Nous avons remédié à cet inconvénient par la forme liée de la lettre dj qu'il faut prononcer *dgé*.

Le n.° XV est une lettre nouvelle pour peindre notre consonne *ch*. Chez tous les peuples d'Europe cette consonne a le double défaut d'être peinte par des lettres multiples et diverses. Les Anglais la peignent par *sh*; les Allemands par *sch*; les Polonais par *sz*; les Italiens par *sci*; nous par *ch*; et cela par la raison que les Grecs et les Romains n'ayant point cette consonne, les Barbares du nord qui leur ont succédé n'ont pas eu l'art d'ajouter une lettre à leur alphabet. Il eût été à désirer que l'on pût adopter le ش arabe, mais dans notre écriture à la main il se confondrait avec l'*m*. Nous avons donc préféré d'imaginer un signe nouveau, et celui que nous adoptons a le double mérite de conserver des rapports avec la lettre arabe, et même avec le ja qui est sa consonne mineure, puisque le φ est composé du jambage j dans son milieu, avec seulement deux ailes latérales : pour le bien former dans l'écriture, voyez la planche n.° 1.er

Nous n'avons pas la même peine pour l'*r* grasséyé, n.° XXI, parce que le γ des Grecs l'exprime exactement ; car les Grecs ne prononcent pas *gamma* mais *ramma*, en grasséyant l'*r*.

Pour le n.° XX, nous adoptons l'χ grec qui ne doit pas se prononcer *iks* ; mais comme le *jota* espagnol et le *ch* allemand : lorsque la prononciation *ks* se trouvera en arabe, nous la peindrons par *ks*, qui sont un signe composé et divisible comme elle. EXEMPLE : maksωr *brisé*, venant de kasar *briser*, où l'on voit k, s, divisés.

Nous n'ajouterons rien à ce que nous avons dit sur *q*, sinon qu'il ne prendra jamais d'*u* à sa suite, et qu'il s'écrira *qa*, *qé*, *qi*, etc.

Nous n'avons rien à ajouter non plus à ce que nous avons dit de *k*, *page* 30.

Tel est notre système d'écriture, dont l'usage démontrera une foule d'avantages précieux de facilité et de simplicité ; il a entr'autres le mérite de rendre nuls cinq signes usités dans l'arabe, dont les règles sont on ne peut plus embarrassantes. Le premier est le djazm ˚ ou signe du *repos* d'une consonne, c'est-à-dire qui désigne qu'elle est fermée ou sans voyelle après elle.

EXEMPLE.

EXEMPLE.

ضَرْب d'arb, *un coup*; et non pas ضَرَب d'arab, *il a frappé*.

Ce signe devient nul par la nature même de notre écriture européenne. Le second est le taqdid ّ qui désigne que la lettre est redoublée.

EXEMPLE.

d'arrab, *il a fait frapper*; ضَرَّب

kattab, *il a fait écrire*; كَتَّب

Ce signe devient également nul, puisque toute lettre prononcée est écrite.

Le troisième est le hamza ء qui avertit qu'il y a un *a* absent, ou changé en une autre lettre.

EXEMPLE.

سوء	soo ء	*pour*	sooa	*mal.*
ماء	ma ء	*pour*	maa	*l'eau.*
شيء	qaiء	*pour*	qaïa	*chose.*
إن	en,	*si.*		
أن	an,	*que.*		

Ce signe est encore nul, soit parce que nous

écrivons les lettres absentes, soit parce que nous appliquerons à sa place une virgule qui indiquera une élision.

Le quatrième est le madda ou extenseur de l'*elif* final, qui se place devant le hamza; et ce signe est entièrement inutile.

Enfin le cinquième est le wesla, aussi exclusivement attaché à l'*elif* initial, pour indiquer qu'il disparait par la lettre qui termine le mot antécédent.

EXEMPLE.

عُمْقُ ٱلسَّمَآءِ omq^u al *samâ'* ; prononcez, omq es' *sama-i*, *la profondeur du ciel.*

Nous remarquerons plusieurs règles dans cette phrase; 1.° l'effet du wesla qui indique de prononcer *el* au lieu de *al*; 2.° l'effet du hamza sur samâ; 3.° l'effet du taqdid qui indique de redoubler l'*s* et de dire ossama, au lieu de ol sama; mais toutes ces règles si embarrassantes dans l'arabe, disparaissent dans notre méthode. Nous laisserons donc à part tous ces signes minutieux et embarrassans; et supprimant ainsi, à l'avantage des novices, plus d'un quart de la grammaire d'Erpenius, nous allons produire la langue arabe dans toute sa simplicité et sa pureté.

CHAPITRE II.

§. I.er

Du Nom.

En arabe comme en français, le discours est composé de trois parties principales, 1.° le *nom* (de l'agent), 2.° celui de l'action ou le *verbe*, et 3.° les *particules* qui lient l'agent à l'action, c'est-à-dire le nom au verbe.

Dans le nom, l'on distingue 1.° l'article; 2.° le cas; 3.° le genre; 4.° le nombre.

Rien n'est plus simple que la déclinaison du nom dans l'arabe vulgaire : il est le même à tous les cas qui ne se distinguent que par les particules, ou par le sens de la phrase.

EXEMPLE.

Nom.	al *samak*	*le poisson.*
Gén.	al *samak*	*du poisson.*
Dat.	l'al *samak*	*au poisson.*
Acc.	al *samak*	*le poisson.*
Voc.	ïâ *samak*	*ô poisson.*
Abl.	men al *samak*,	*du* ou *par le poisson.*

On voit par cet exemple, 1.° que l'article *al* est indéclinable, et qu'il répond à tous nos articles *le, la, de, du*, même aux pluriels *les, des*, tant au féminin qu'au masculin;

2.° Que le nom ne change pas de forme, et qu'il reste le même dans tous les cas; il en résulte l'inconvénient de ne pas distinguer facilement le génitif du nominatif ou de l'accusatif : mais il est convenu en arabe que quand deux noms se suivent, et que le premier manque de l'article *al*, il gouverne le second au génitif.

EXEMPLE.

râs al *samak*, *la tête du poisson.*
sari al *markab*, *le mât du vaisseau.*

Lorsque c'est un nom propre, l'article *al* est lui-même supprimé.

bait *zaid*, *la maison de Zaid.*
m*a*ndil fâtm*at*, *ou* fâtmé, *le mouchoir de Fâtmé.*

Voilà pour l'arabe vulgaire, à quoi il faut ajouter que par corruption l'on prononce *el* au lieu d'*al* dans l'Égypte et dans la Syrie, où le changement d'â en *é* a lieu dans une infinité de cas.

Remarquons de plus que l'*l* dans *al* se perd, devant treize consonnes de l'alphabet, appelées solaires, qui sont *(a)*,

d, d', t, ŧ, θ, z, ʒ, ʒ̇, s, ṡ, φ, r, n,

et qu'à sa place on double ces lettres pour l'agrément de la prononciation; ainsi l'on prononce

(a) Appelez-les selon le canon alphabétique, da, d'o, ta, ŧo, θêt, ʒal, &c.

es'samak, et non *el samak*; *en'nabi*, le prophète, et non *el nabi*; e33olm, *la tyrannie*, et non el 3olm: mais c'est à l'usage d'enseigner cela, et non à l'écriture de le tracer: et les signes imaginés par les grammairiens pour diriger cette manière d'écrire, sont aussi ridicules que si chez nous l'on écrivait ces mots, *ils ont écrit à Rome*, de cette manière: *il zon t'écri t'à Rome.*

Quant à l'arabe littéral, connu sous le nom de nahoui, l'équivoque des cas n'y a pas lieu, parce qu'ils y sont distingués par des finales ajoutées au corps du mot, comme en grec *os*, *ou*, et en latin *us*, *a*, *um*.

EXEMPLE.

Nom.	al nahr-o	*le ruisseau.*
Gén.	al nahr-i	*du ruisseau.*
Dat.	l'al nahr-i	*au ruisseau.*
Acc.	al nahr-*a*	*le ruisseau.*
Voc.	ïa nahr-*a*	*ô ruisseau.*
Abl.	men al nahr-i	*du* ou *par le ruisseau.*

L'on voit par cet exemple que l'*o* appartient au nominatif; l'*i* aux génitif, datif, ablatif; et l'*a* aux accusatif et vocatif; et cela tant au singulier qu'au pluriel, et tant au féminin qu'au masculin.

Si le nom est un nom propre, ou qu'il soit privé de l'article *al*, il ne prend plus pour finales *o*, *i*, *a*; mais les nasales *on*, *en*, *an*, le vocatif seul excepté.

EXEMPLE.

Nom.	Mo'hammad-on	*Mahomet.*
Gén.	Mo'hammad-en	*de Mahomet.*
Dat.	l'Mo'hammad-en	*à Mahomet.*
Acc.	Mo'hammad-an	*Mahomet.*
Voc.	ia Mo'hammad-o *(a)*	*ô Mahomet.*
Abl.	men Ma'hommad-en	*par Mahomet.*
Nom.	nahâr-on	*jour.*
Gén.	nahâr-en	*de jour.*
Dat.	l'nahâr-en	*à jour.*
Acc.	nahâr-an	*jour.*
Voc.	iâ nahâr-a	*ô jour.*
Abl.	men nahâr-en	*par jour.*

Si le nom propre se terminait par lui-même en *an*, il ne faudrait plus lui appliquer les nasales, mais bien les lettres *o*, *i*, *a*.

EXEMPLE.

Nom.	oθmân-o	*Otman.*
Gén.	oθmân-i	*d'Otman.*
Dat.	l'oθmân-i	*à Otman.*
Acc.	oθmân-a	*Otman.*
Voc.	ia oθmân-o	*ô Otman.*
Abl.	men oθmân-i	*par Otman.*

(a) Dans les noms propres, le vocatif prend *o* comme le nominatif des substantifs.

On voit par les exemples ci-dessus que l'*on* appartient au nominatif; *en* aux génitif, datif, ablatif; et *an* à l'accusatif, tant au singulier qu'au pluriel, et au féminin comme au masculin.

§. II.

Du Genre.

En arabe comme en français, il n'y a que deux genres, le masculin et le féminin; il n'y a pas de neutre.

La terminaison *a* et *ât* prononcée en arabe vulgaire *é* et *ét*, est le signe constant du féminin singulier, tant substantif qu'adjectif: au pluriel cet *a* bref devient ât long. EXEMPLES *tinât*, *des figues*.

Il faut en excepter les deux mots *xalifât*, un kalife; *alamât*, un savant, qui sont masculins malgré leur finale féminine.

D'autre part, les terminaisons *on*, *în*, *ân*, sont les signes des pluriels masculins; mais elles se bornent presqu'exclusivement aux participes actifs et passifs, et suivent quant aux cas la règle d'*on*, *en*, *an*.

EXEMPLE.

Nom. sing.	al ẓâlem	*l'opprimant.*
Nom. plur.	al ẓâlem-on	*les opprimans.*
Gén.	al ẓâlem-în	*des opprimans.*
Dat.	l'al ẓâlem-în	*aux opprimans.*

Acc. al ʒâlem - ân *les opprimans.*
Voc. ïa ʒâlem - an *ô opprimans.*
Abl. men al ʒâlem - în *des opprimans.*

PASSIF SINGULIER.

al *ou* el m*a*ʒlœm *l'opprimé.*

PLURIEL.

Nom. el m*a*ʒlœm - œn *les opprimés.*
Gén. el maʒlœm - în *des opprimés.*
Dat. l'el m*a*ʒlœm - în *aux opprimés.*
Acc. el m*a*ʒlœm - ân *les opprimés.*
Voc. ïa m*a*ʒlœm - an *ô opprimés.*
Abl. men el m*a*ʒlœm - în *des* ou *par les oppr.*

Avec les finales, *àt* et *ât* on fera

SINGULIER FÉMININ.

Nom. el ʒâlem - *à*t^{o} *l'opprimante.*
Gén. el ʒâlem - *à*t^{i} *de l'opprimante.*
Acc. el ʒâlem - *à*t^{a} *l'opprimante*, &c.

PLURIEL.

Nom. el ʒâlem - ât^{o} *les opprimantes.*
Gén. el ʒâlem - ât^{i} *des opprimantes.*
Acc. el ʒâlem - ât^{a} *les opprimantes.*

PASSIF SINGULIER.

Nom. el m*a*ʒlœm - *àt*^{o} *l'opprimée.*
Gén. el m*a*ʒlœm - *àt*^{i} *de l'opprimée.*
Acc. el m*a*ʒlœm - *àt*^{a} *l'opprimée.*

PLURIEL.

Nom.	el maẓloum - ât	*les opprimées.*
Gén.	el maẓloum - ât	*des opprimées.*
Acc.	el maẓloum - ât	*les opprimées.*

Voilà les seuls signes auxquels on reconnaisse les masculins et les féminins; mais il s'en faut beaucoup que ces signes soient généraux; au contraire, la presque totalité des noms substantifs en est privée, et l'on n'en peut distinguer le genre par la forme qui, comme en français, est indistinctement commune aux uns et aux autres: l'usage seul peut les faire connaître, et c'est là une des difficultés de la langue arabe; difficulté d'autant plus grande, que le substantif étant équivoque, l'adjectif qu'il gouverne ne peut l'être, et doit se montrer masculin ou féminin.

En général, les noms de femmes, de pays, de villes, d'élémens sont féminins.

EXEMPLE.

mariam	*Marie.*	meṡr	*l'Égypte.*
el ârḋ	*la terre.*	ṡâm	*la Syrie.*
el samâ	*le ciel.*	qobros	*Chypre.*
el mâ'	*l'eau.*	ḥalab	*Alep*, ville.
el nâr	*le feu.*	boγdâd	*Bagdad.*
el hawâ	*l'air.*	baṡrâ	*Basra.*

el rîħ	*le vent.*	ṡour	*Tyr.*
el ṡams	*le soleil.*	tedmour	*Palmyre.*
(a) el qamar	*la lune.*	&c.	

Sont aussi féminins les membres pairs,

el ïad	*la main.*
el aïn	*l'œil.*
el azn	*l'oreille, &c.*

Et quelques mots en ä; tels que zekrä, *souvenir*; oola, *première*; ħola, *plus longue*;

Et d'autres en â; kobriâ, *l'orgueil*; maqioxâ, *sénat*; ħamrâ, (chose) *rouge*.

Souvent il est permis de rendre féminin un nom masculin, sur-tout quand il est susceptible d'être de l'un ou de l'autre sexe.

EXEMPLE.

ɖjadd	*aïeul,*	ɖjadd-ät	*aïeule.*
aamm	*oncle,*	aamm-ät	*tante.*

Cela se pratique généralement pour les adjectifs.

EXEMPLE.

kabîr	*grand,*	kabîr-ät	*grande.*
ṡaγîr	*petit,*	ṡaγîr-ät	*petite.*
nad'îf	*net,*	nad'îf-ät	*nette.*
aʒîm	*très-grand,*	aʒîm-ät	*très-grande, &c.*

(a) Plus souvent masculin que féminin.

Si l'on prononce comme le vulgaire, kebir-é, saghir-é, nadif-e, on voit que cette forme ressemble à celle du français, où l'e final rend féminins les adjectifs masculins, *grand-e*, *fort-e*, *petit-e*, &c.

Que si les adjectifs commencent par un a, cet a passe à la fin du mot pour le genre féminin.

EXEMPLE.

asfar *jaune*, masc. safrâ, *fém.*
ahdab *à longs cils*, hadabâ.
ahmar *rouge*, hamrâ.
abiad *blanc*, baida.

Cette règle a spécialement lieu pour les comparatifs qui tous se forment par l'a initial, avec la seule différence que l'a porte deux points.

EXEMPLE.

atoual *plus long*, toula *plus longue*.
akbar *plus grand*, kobra *plus grande*.

Quelquefois la terminaison *at* s'ajoute à un nom masculin, et alors il exprime spécialement l'unité.

EXEMPLE.

tebn, *de la paille*. tebnat, *une seule paille*.
zahab, *de l'or*. zahab-at, *un peu d'or*.
darb, *coup*. darb-at, *une tappe*, &c.

Une bizarrerie de la langue est que quelquefois un nom singulier en *at* prend au pluriel une terminaison en apparence masculine, sans cesser d'être féminin. EXEMPLE : madinât, *une ville ;* modon, *des villes ;* amrât, *une femme ;* nesoân, *des femmes, &c.*

Enfin une dernière bizarrerie est que quoiqu'en général l'adjectif suive le genre du substantif, cependant la plupart des objets inanimés, ou même non raisonnables, gouvernent également dans le pluriel leur adjectif au féminin singulier.

EXEMPLE.

el asâfîr el 'tâïérât, (mot à mot) *les oiseaux la volante,* (pour) *les oiseaux volans ;*

el 'hadjar el salîd'ât, *les pierres la dure,* (pour) *les pierres dures.*

Sur quoi nous remarquerons en passant, que l'article *el* se répète toujours devant l'adjectif, sans quoi il emporterait l'équivoque de gouverner le génitif.

§. III.

Du Nombre.

Les Arabes distinguent comme les Grecs trois espèces de nombres, le singulier, le pluriel et le duel, ou nombre deux.

Le duel n'est point usité dans l'arabe vulgaire; il a seulement lieu dans l'arabe savant ou littéral, où il est employé tant dans les noms que dans les verbes.

Sa forme dans les noms est simple ; elle consiste à ajouter au nom singulier la finale *ân* pour le nominatif, et *aïn* pour les *génitif* et *accusatif*, tant au masculin qu'au féminin.

EXEMPLE.

radjol, *un homme.* radjol-an *deux hommes.*
Gén. acc. dat. radjol-aïn *de deux hommes.*
madinat, *une ville.* madinat-an *deux villes.*
Gén. acc. dat. madinat-aïn *de deux villes.*

A l'égard des singulier et pluriel, masculin et féminin, nous avons vu dans le paragraphe des genres comment ils se composent pour les participes et les adjectifs ; et comment les finales *oun*, *în*, *ân*, *at*, *at* forment les pluriels masculins, et les féminins singuliers et pluriels. Ce sont-là en quelque sorte les seuls noms qui conservent de la régularité : quant aux noms substantifs, la presque totalité tant masculins que féminins, ne suit aucune règle constante ni uniforme pour passer du singulier au pluriel ; au contraire ils se replient de manières si diverses et si singulières, que c'est-là une des plus grandes difficultés pour les novices dans la langue.

Les grammairiens ont pris la peine d'en former

vingt-deux classes ; mais cette multiplicité, loin d'éclaircir le sujet, ne fait que l'embrouiller, et il vaut mieux s'en tenir à la pratique, et apprendre à mesure du besoin le pluriel de chaque mot.

Nous allons cependant donner quelques exemples qui serviront à prouver cette vérité, et à donner une idée de cette difficulté

EXEMPLES.

SINGULIER.		PLURIEL.
lahiât	*la barbe,*	lohiân.
kobrâ	*plus petite,*	kobar.
amωd	*une colonne,*	omωd *et* aωâmid.
qad'ib	*un bâton,*	qod'ob.
ahmar	*rouge,*	'homr.
qerbât	*une outre,*	qerâb.
româh	*une lance,*	remâh.
radjol	*un homme,*	redjâl *et* ardjâl.
kab	*talon,*	kaâb.
djabal	*montagne,*	djebâl.
raqabât	*le cou,*	reqâb.
d'ers	*grosse dent,*	d'oroωs.
qâhed	*témoin,*	qohωd.
kâmel	*parfait,*	kamalat.
γâzen	*attaquant,*	γozât.
dobb	*un ours,*	debab *et* debâbât.
zωdj	*mari,*	zeωadjât.

âχ	*frère,*	eχoûat.
ωadjh	*face,*	aωadjoh.
ïad	*main,*	aïden.
maṭar	*pluie,*	amṭâr.
raγîf	*pain,*	arγefât *et* roγfân.
qamal	*pou,*	qamäïel.
âdjoz	*vieille,*	adjaïez.
tâdj	*couronne,*	tidjân.
saqf	*voûte,*	soqfân.
qariſ	*noble,*	qoraſâ.
baχil	*avare,*	boχalâ.
ḥabib	*aimé,*	aḥebbâ.
γani	*riche,*	aγniâ.
djariḥ	*blessé,*	djarḥa.
qatîl	*tué,*	qatla.
saḥrâ	*désert,*	saḥara.
azrâ	*la vierge,*	azâra.
nafs	*l'ame,*	nofos *et* anfos.
baḥr	*la mer,*	bohor, ebḥâr, abḥor.
akbar	*plus grand,*	akâber.
mâ	*l'eau,*	miah, amoâ.
fomm	*la bouche,*	afoâât.
emrât	*femme,*	nesâ, nesoân, nesoat.
ensan	*homme,*	anâs, *et* enes.

C'en est assez pour faire sentir que l'usage seul peut apprendre la variété de ces formes; et cependant il arrive que quand on a saisi le génie de la langue, on devine souvent par analogie quel pluriel doit résulter d'un singulier donné.

§. IV.

Du Comparatif et du Superlatif.

Le comparatif se forme tout simplement en appliquant a devant l'adjectif.

EXEMPLE.

ħaŝan *bon,* aħsan *meilleur.*
ŝaγir *petit,* aŝγar *plus petit.*
ħabib *cher,* aħabb *plus cher.*

Et le *que* qui suit s'exprime par *men.*

EXEMPLE.

Plus généreux que,
akrâm men.
Plus grand que le sultan,
aaẓam men el soltan.

CHAPITRE III.

CHAPITRE III.

Des Pronoms personnels et possessifs, des Conjonctions et des Particules.

LES pronoms personnels quand ils régissent et gouvernent la phrase, s'expriment comme il suit :

		Genre.
Je ou *moi*	anâ	commun.
Tu ou *toi*.	ent	masculin.
	ent*i*	féminin.
Il ou *lui*	heo	masc.
Elle	hi	fém.
Nous	naſhn	comm.
Vous. . . .	entom	masc.
	entonn	fém.
Eux	hom	masc.
Elles	honn	fém.

Dans l'arabe littéral on dit : ant*a*, ant*i*, heo*a*, hi, naſhin*e*, antom, antonn*a*, hom, honn*a*.

On se sert aussi du duel dans l'arabe littéral pour les deux termes suivans :

Vous deux,	*commun ;*	antomâ.
Eux deux,	*commun ;*	homâ.

Mais ils sont peu usités dans le vulgaire.

Que s'ils sont gouvernés et régis par un verbe, ils s'accolent à la fin du verbe régissant dans la forme ci-après.

EXEMPLE.

našar - ni	*il a aidé* -	*moi*	
našar - *ak*	*il a aidé*	*toi*	masc.
ek	....	*toi*	fém.
našar - ho	*il a aidé*	*lui*	
ha	....	*elle*	
našar - na		*nous*	comm.
našar - kom		*vous*	masc.
konn	*il a aidé*	*vous*	fém.
našar - hom		*eux*	masc.
honn		*elles*	fem.

AUTRE EXEMPLE.

ramä - k	*il a jeté*	*toi*	masc.
ï*armi* - k	*il te jette*		masc.
ï*armi* - ki	....		fém.
γaẓâ - k	*il a attaqué*	*toi*	masc.
γaẓâ - ki		*toi*	fém.
ï*aγẓω* - k	*il attaque*	*toi*	masc.
ï*aγẓω* - ki		*toi*	fem.

Par où l'on voit que le *k* désigne proprement le

tu et le *toi*, et qu'il reçoit l'influence de la voyelle qui le précède.

Dans le littéral on ajoute sans cesse *a* final à *našar*, et à quelques-uns de ces pronoms : l'on dit, *našara*-*ka*, *našara*-ki, *našara*-*konna*, *našara*-honna.

Dans plusieurs cas l'on sépare le pronom du verbe ; mais alors on interpose la particule eïä.

EXEMPLE.

d'*arab* - eïa - ï	*il a frappé*	*moi*	
d'*arab* eïä - k	....	*toi*	masc.
eïä - ki	....	*toi*	fém.
eïä - ho, &c.	....	*lui*	

Les mots confirmatifs, *même*, *moi-même*, *toi-même*, &c. s'expriment par *mon ame*, *ton ame*, &c.

Je m'aime moi-même ; a'hebb *nafs*-i.

j'aime mon ame.

Vous vous aimez vous-mêmes ; ta'hebbω anfos-kom.

vous aimez vos ames.

Aimez votre prochain comme vous-mêmes ; 'hebbω q*a*rib - kom, *ka* - anfos - kom.

comme vos ames.

Les pronoms possessifs mon, mien, mes, ton, tien, tant masculin que féminin, et tant singulier que pluriel, s'expriment comme il suit :

ketâb	i	livre	*mien*	
	ak		*tien*	masc.
	ek		*tien*	fém.
	ho		*sen*	masc.
	ha		*sen*	fém.
	na		*notre*	comm.
	kom		*votre*	masc.
	konn		*votre*	fém.
	hom		*leur*	masc.
	honn		*leur*	fém.

AU FÉMININ.

djaddât	i	*mon ayeule*	
	ak	*ton ayeule*	masc.
	ek	. . . .	fém.
	ho, &c.	*son ayeule*	

Dans l'arabe littéral on dit toujours *ka*, *ki*, *kom*, *konna*, *hom*, *honna*, avec les finales grammaticales du mot qui précède

ketâb ° — *ka*.
Gén. ketâb ' — *ka*.
Acc. ketâb ᵃ — *ka*.

Pour le duel dans le littéral on suit la même marche, et l'on accole également le pronom à la suite du nom.

Exemple.

ketâbâ	i	*deux livres*	*mien*	
	ka		*tien*	masc.
	ki		*tien*	fém.
	ho		*sien*	masc.
	ha		*sien*	fém.
	na		*notre*	
	komâ		*votre*	commun.
	homâ		*leur*	commun.

Des Pronoms démonstratifs.

Celui-ci, ẑâ *ou* haẑa ; *au Kaire*, dé.

Celle-ci { ẑeh, ẑi, ẑehi,
ou tâ, teh, ti, tehi, *et* haẑéhé.

Ceux-ci et celles-ci } oωlâ, *et* haωlâ.

Pour exprimer l'éloigné on ajoute à la fin de ces mêmes mots la seule lettre *k*, et l'on dit :

Celui-là, ẑâk, haẑâk, *et* ẑalek.

Celle-là, tâk, *et* telk.

Ceux-là et celles-là } oωlâk, oωlaïek, oωlâlek, &c.

En littéral ces deux-ci :

ẑâni *et* ẑaini *masc.* ou haẑâni.
tâni *et* taini *fém.* hatâni *et* hataini.

En littéral ces deux-là { ẑâneka, ẑaineka. *masc.*
tâneka, taineka. *fém.*

Des Pronoms relatifs

Qui, que, lequel, laquelle.

Ces pronoms s'expriment par les mots, ellazi *ou* elladi, pour le masculin singulier, ellazin *ou* elladin, pour le masculin pluriel,

et par { ellati, au féminin singulier, ellâti, au féminin pluriel, avec cette singularité, que lorsqu'il faut leur joindre des particules telles que, *avec, par, en, dans, pour*, &c. on prend cette tournure, *qui* ou *lequel avec lui*, au lieu de dire *avec qui ;* de manière que le pronom reste indéclinable.

Nom.	*qui, lequel,*	ellazi.
Gén.	*de qui, duquel, dont,*	ellazi men ho.
Dat.	*à qui, auquel,*	ellazi l'ho *(lequel à lui)*.
Acc.	*qui, lequel,*	ellazi.
Abl.	*duquel, de qui,*	ellazi men-ho *(lequel de lui)*.
	dans qui,	ellazi fi-h.

PLURIEL.

Lesquels, qui,	ellazin.
Auxquels, pour qui,	ellazin l'hom *(lesquels à eux)*.
Avec lesquels,	ellazin ma hom.
Dans lesquels,	ellazin fi hom.

SINGULIER FÉMININ.

Nom.	*laquelle,*	ellati.
Dat.	*à qui, pour laquelle,*	ellati l'ha.
Abl.	*de laquelle,*	ellati men ha.

PLURIEL.

Lesquelles,	ellâti.
Auxquelles,	ellâti, l'ha (*lesquelles à elles*).
Dans lesquelles,	ellâti, fi ha.

Que si ces pronoms relatifs se rapportent à d'autres personnes qu'à la troisième, citée en exemple, on répète le pronom de cette personne.

EXEMPLE.

Vous que j'ai vu, ent ella*z*i rait-*ak*.

Nous en qui votre confiance, na'hn ella*z*in amân-kom b'-*na*.. ainsi des autres personnes.

Quand ces pronoms *qui* et *lequel* sont interrogatifs, on les exprime par aï au masculin, tant singulier que pluriel, et par aï*at* au féminin singulier, et aïât au pluriel.

EXEMPLE.

De quel droit, b'aï 'haqq!

Par quels sentiers marches-tu! b'aïât doroh ent sâlek!

Que et *qui* pris au sens neutre s'expriment par *ma*.

Ce que j'ai dit, ma qolt;

Et l'on ajoute élégamment le pronom ho à la fin: mà qolt-ho.

Ce qui arrive par fois, mâ ïosd'af.

S'ils sont interrogatifs, on se sert de la phrase *quelle chose*, au lieu de *que;* et l'on dit : aiq par abbréviation de aï-qoi ; qu'est-il arrivé ! aiq sadaf !

En arabe savant l'on dit plus élégamment : a ! ma sadaf !

Des Particules conjonctives.

Les particules conjonctives, c'est-à-dire qui servent à lier le sens des mots dans la phrase, sont de deux sortes; les unes sont essentiellement attachées au mot ; les autres peuvent s'en séparer. Nous allons d'abord traiter des premières ; elles consistent dans les huit lettres suivantes :

A, b, t, s, f, k, l, ω, dont chacune a un sens complet.

A est le signe de l'interrogation ; il ouvre la phrase, comme pour avertir de la question :

â safar zaid ! *Zaid est-il parti !*

â ent ! *est-ce toi !* â fi-h ! *est-ce dedans !*

B. *b* qui se prononce *bé*, a plusieurs sens : 1.° il signifie *dans ;* b'el'bait, *dans la maison*, où l'on voit l'élision de son *e* devant une voyelle : nous n'écrirons jamais cet *e*, même devant les consonnes ; et il sera toujours remplacé par une virgule : b'nafs-i, *dans mon ame ;* b'-nâ *en nous*.

2.° Il signifie *par* et *avec : par Dieu*, b'ellah.

Par le tombeau de mon père, b'torbet âb'-i. *Ils sont venus avec l'enfant*, âtω *ou* djâω b'el fatâ (au lieu de dire ils l'ont amené), *J'ai écrit par* ou *avec la plume*, katabt b'el qalam.

Il prend aussi le sens de *pour* et d'*à cause* : b' doxωl-ak, *pour ton entrée.*

3.° Par une tournure singulière d'affirmation et presque de serment on dit : *moi fidèle croyant*, ana b'mωmen. *Dieu puissant*, allah b'qad'ir.

4.° Enfin *b'* prend le sens de *sur* et de *outre* ; marr b'i, *il m'a passé, il a passé sur moi, outre moi.*

T. *t* prononcé *té*, est un jurement qui n'a lieu que dans la forme suivante :

allah, b'ellah, t'illah, *par Dieu*, comme si l'on voulait décliner tout l'alphabet en attestant le nom de Dieu.

s, prononcé *sa*, est le signe spécial du futur : il s'ajoute en premi re lettre aux personnes du verbe ; *il attaquera*, s'ioγzω ; *je partirai*, s'asâfer ; *tu m'aideras*, satanSer-ni.

f, prononcé *fa*, signifie *or*, et commence ou soutient très-élégamment une phrase ou une période ; *or il mourut*, fa-mât ; *ils mangèrent tout*, fa akalω el koll.

k, prononcé *ka*, signifie *de même, ainsi que, comme ; comme un torrent*, ka sîl ; *ainsi que la foudre*, ka el saaqât.

l, prononcé *lé*, a plusieurs sens; 1.° il signifie le datif *à*, *pour*, *à cause*; *dis au juge*, qoll l'el qâd'î; *je l'ai châtié pour* ou *à cause de son mensonge*, addabt-ho l'kegb-ho.

Avec les pronoms *tu*, *toi*, *vous*, *&c.* on le prononce en vulgaire comme il suit :

A toi, masc.	l'*a*k;	*à vous*,	l'kom.
A toi, fém.	l'ek;	. . . . .	l'konn.
A moi,	l'ï;	*à nous*,	l'na.
A lui,	l'ho;	*à eux*,	l'hom.
A elle,	l'ha;	. . . . .	l'honn.

En arabe littéral on dit l'k*a*, l'ki, l'kom, l'konn*a*, l'hom, l'honn*a*.

2.° Il est formule de serment; l'ellah, *par Dieu* ou *pour Dieu*.

3.° Il sert à appeler : ïâ l'most*a*fa, *ô Mustapha!*

4.° Il assure fortement une chose; enn allah l'q*a*d'ir, *Dieu est puissant*; enn el ensân l'meskin ωa r*a*gîl, *l'homme est faible et misérable*.

5.° Enfin, joint au prétérit il le change en optatif; *pour qu'il vienne!* l'djâ (*qu'il fût venu*).

ω, prononcé ω*a*, prend une foule d'acceptions dans le discours arabe, quoiqu'il ne signifie littéralement que *et*; on l'employe signifiant *par*, dans le serment suivant que les Arabes ont sans cesse à la bouche : ωallah, *par Dieu*.

Des Particules disjonctives.

Nous renfermons sous ce titre les adverbes, les prépositions, les conjonctions, les interjections, toutes particules formées de mots invariables.

Adverbes de lieu.

Où, en quel lieu, par interrogation, ain ! *et* ſi ain ! — Dans le cours de la phrase ħaiθ, *et* ſi, avec le pronom convenable à l'objet; *le puits où il tomba;* el bir ħaiθ ωaqa, *(ou)* ellazi ωaqa ſi-h: *d'où;* men ħaiθ, men ain.

Vers où, jusqu'où; elä ain, elä ħaiθ.

Où que ce soit; ħaiθmâ, ain mâ, aïï.

Ici; honâ, héné, hâhonâ.

D'ici; men honâ, *ou* men héné.

Là; honâk, honâlek; *delà* men honâk.

Vers ici, vers là, elä honâ, elä honâk.

Adverbes de temps.

Quand, lorsque; matä, lamma.

Déjà, avec un sens affirmatif; qad: *il est déjà venu;* qad ðja.

Jamais; qat, ſaqat, ſaqad, l'qad.

Ensuite, pour lors; θomm, *et* θommat.

Alors; ħîn, iôm, ħinaizen, iômizen.

Puisque, si-tôt que, dès que; ez, ezâ, ezmâ, aïân.

Après que ; bad-en, bad-men, bad-ma, lamma.

Après ; bad, sœf, sœ, *sai*, *saf*, men bad.

Après cela ; bad *haza*.

Avant, qabl; *avant que*, qabl ma, qabl-en, men qabl; *avant cela*, qabl *haza*.

Jusqu'à ce que ; elä en, ħattä en, ħattä eza.

Les adverbes pour appeler, sont :

â *et* aïâ, pour un objet voisin.

h*a*ïa, pour un objet éloigné.

ïa, *et* aïoha, pour un objet masculin.

ïa aïât-ha, pour un objet féminin.

Voici (pour le masculin) ; ez, eza, ha, hœza, b*a*hœza, h*a*n*a*za.

Voici (pour le féminin) ; h*a*n*a*zeh.

Quoi, eh ! interrogant ; â, h*a*l.

N'est-ce pas ! a'ma, a-la, a'f*a*-la, a'l*a*m, af*a*l*a*m, aœ l*a*m, aœ-la.

Oui, certes ; nœm, en, b*a*lä aĉĵ*a*l, ĉĵîr, amîn.

Non, la ; kolla, *(tout non)*, lam, ma, *et* lais.

Mais *lais* se conjugue en verbe ; lais, *il n'est pas ;* laist, *tu n'es pas ;* laistom, *vous n'êtes pas.*

Nullement ; lan, lan-ma.

Comment ; kaif, anni ; kaif ma, *comment que, de quelque façon que.*

Pourquoi, l'ma, l'*a*iœ, l'*ai*-q*ai* ; *pour quelle chose seulement*, l'*a*iq*a*i faq*a*t.

Absolument, tout-à-fait; b'el koll, kollian.

Plût à Dieu, puissé-je; lait, ïa lait!

Peut-être; lal, robb, robb-ma.

De même que, et comme si; k'ann, *ka*-ma.

Toutes fois que, tant que; koll ma.

Allons donc, or donc; ez*an*, fa ez*an*.

Beaucoup d'adverbes se forment de l'adjectif, en lui ajoutant la finale an.

Bon,	ħ*asan*;	*bien,*	ħ*asan*-an.
Mauvais,	q*arr*;	*mal,*	q*arr*an.
Avec,	mà;	*ensemble,*	maan.
Éloigné,	beïd';	*de loin,*	beïd'ân.
Premier,	aω*a*l;	*premièrement,*	aω*a*lan.

Maintenant, elan; *jusqu'à présent*, elà elan.

Désormais, dorénavant, men elan.

Ou distinctif: l'un *ou* l'autre, aω, am, amma.

Mais; b*a*l, l*a*ken, enn'ma.

Afin que; b'ma, l'k*a*ï, l'k*a*ïma.

Parce que; l'ann, bema,

De peur que; l'illa, k*a*ïla, l'k*a*ïla.

Si, conditionnel, pour le passé; lω, en, l'ain.

Sinon; ella, lωla, lωma.

Quoique; ω*a* en, ω*a* lω.

Or; f*a* enn, f'amma, enn, enn*a*ma, ann, amma *pour* ann-ma.

CHAPITRE IV.

Des Verbes.

C'EST dans le *verbe* en général que la langue arabe développe davantage la simplicité et la richesse de son mécanisme, et sa différence avec les langues d'Europe.

En arabe les verbes n'ont que trois temps, le *passé*, le *futur* et l'*impératif ;* le présent est absolument le même que le futur.

A défaut d'infinitif, on appelle les verbes par la troisième personne du passé au singulier masculin : ainsi au lieu de dire le verbe *aimer, parler, faire,* on dit le verbe, *il a aimé, il a parlé, il a fait.*

Cette troisième personne masculine est ce que les grammairiens appellent la *racine* ou le *mot radical,* parce que c'est sur ce mot que se composent toutes les modifications des temps, des personnes et des conjugaisons, tant régulières qu'irrégulières.

En général, la *racine* est composée de trois lettres, quelquefois de quatre, presque jamais de plus ni de moins que ces deux nombres. On appelle ces trois lettres, les *radicales.*

Les radicales sont ou toutes consonnes, ou

partie consonnes et partie voyelles, ou même toutes voyelles, mais très-rarement : et il est remarquable que ces *radicales voyelles* ne peuvent jamais être que les quatre majeures ou alphabétiques â, ï, ω et ɑ, les voyelles mineures étant toujours rapportées après coup, et servant par leur intercalation à modifier les radicales et à distinguer les temps et les personnes.

Si les trois radicales sont consonnes, le verbe est dit *régulier (a)*.

EXEMPLE.

n^{a}s^{a}r, *il a aidé* : ħ^{a}k^{a}m, *il a gouverné.*

Si une seule des trois radicales est voyelle, le verbe est dit irrégulier *(b)*.

Si deux sont voyelles, le verbe est doublement irrégulier.

Si les trois sont voyelles, le verbe est complètement irrégulier.

Or la raison de cette irrégularité procède de ce que les voyelles mineures ou intercalées, variant selon les temps et selon les formes actives ou passives des verbes, les voyelles majeures qui en sont affectées varient aussi, et les

(a) En arabe, sâlem, *sain.*

(b) Ɣair sâlem, *non sain.*

trois â, ï, ω, se changent de l'une en l'autre, ou même disparaissent entièrement ; ce qui nous les fera souvent désigner par le nom de voyelles *éclipsées* et *éclipsantes*. L'aïn ne s'éclipse jamais ; il devient seulement ɐ ou ɔ, selon qu'il est frappé des voyelles mineures *e*, *o*.

Si l'une de ces trois voyelles â, ï, ω, se trouve au milieu de la *racine*, c'est-à-dire entre deux consonnes, le verbe s'appelle verbe *creux*, parce que non seulement la voyelle change dans les formes diverses du temps, mais parce qu'elle s'efface entièrement dans quelques-unes, et laisse pour ainsi dire vide l'espace entre les deux consonnes.

EXEMPLE.

qâl, *il a dit ;* ïᵉqωl, *il dit.*
Impératif. qᵒl, *dis.*

Cet exemple indique la manière dont se conjuguent tous les verbes arabes. On appelle d'abord le passé, puis le futur ou présent, enfin l'impératif et le participe ; et l'on commence par la troisième personne, *lui*, pour finir par notre première *moi* : *il a dit*, *tu as dit*, *j'ai dit*, c'est-à-dire, l'inverse de notre usage.

L'exemple d'une conjugaison va rendre tous les préceptes généraux plus sensibles que nous ne le pourrions faire de toute autre manière.

Conjugaison

Conjugaison du Verbe régulier

n^{a}ʒ̣^{a}r, *il a vu.*

1	n^{a}ʒ̣^{a}r	*il a vu.*
1	n^{a}ʒ̣^{a}r-^{a}t	*elle a vu.*
2	n^{a}ʒ̣^{a}r-t	*tu as vu.*
2	n^{a}ʒ̣^{a}r-ti	*tu as vu.* fém.
3	n^{a}ʒ̣^{a}r-t	*j'ai vu.*
4	n^{a}ʒ̣^{a}r-ω	*ils* ou *elles ont vu.*
5	n^{a}ʒ̣^{a}r-tω	*vous avez vu.*
6	n^{a}ʒ̣*r-nâ	*nous avons vu.*

REMARQUES.

1.° On voit que la racine n^{a}ʒ̣^{a}r reste la même à toutes les personnes, et qu'il suffit de lui accoler certaines finales pour faire la distinction de ces personnes.

2.° Ces finales appelées *serviles*, consistent, comme l'on voit, en cinq lettres, t, i, â, ω, n, dont nous verrons les positions diverses servir à distinguer les autres temps.

3.° Dans l'arabe littéral il y a un troisième *a* final à la troisième radicale; et l'on dit n^{a}ʒ̣^{a}r^{a}; ce qui établit pour principe cette phrase:

Le verbe régulier prononce sa racine en *a*; c'est-à-dire que chaque lettre radicale emporte avec elle le son d'*a*; que si une radicale est voyelle, elle est affectée de ce même son. Ainsi dans la racine r"mï, *il a jeté*, l'ï, troisième radicale étant frappé d'*a* accessoire, se prononce r"mä, et ceci doit rendre clair ce que nous avons dit des verbes irréguliers.

4.° Enfin l'on voit qu'il y a équivoque dans l'arabe vulgaire sur le mot n*a*ẓ*a*rt qui signifie également *j'ai vu* et *tu as vu*; mais dans le littéral, les finales *o* et *a* servent à distinguer ces deux personnes; et l'on dit n"ẓ"rt° pour *j'ai vu*, n"ẓ"rt" pour *tu as vu*. On dit aussi n"ẓ"rt°m, *vous avez vu*, au lieu de n"ẓ"rtoû; mais il n'en résulte pas d'inconvénient pour le sens.

A l'égard du présent qui est aussi le futur, la racine, pour le former, se retourne de manière 1.° que les lettres serviles *â*, *n*, *t*, *ï*, qui étaient à la fin, passent au commencement du mot; 2.° que la première radicale devient *fermée*, c'est-à-dire privée de voyelle intercalaire, et que les deux autres intercalaires se changent, savoir, la troisième constamment en *o*, et la seconde tantôt en *e*, et plus souvent en *o*. Un exemple va rendre tous ces préceptes sensibles.

PRÉSENT et FUTUR ACTIF.

ï"nẓ°r	*il voit*, ou *il verra*.	
t"nẓ°r	*elle voit*, ou *elle verra*.	
t"nẓ°r	*tu vois*, ou *tu verras*.	masc.

t^a n ʒ^o ri	*tu vois*, ou *tu verras*. fém.
an ʒ^o r	*je vois*, ou *je verrai*.
ï^a n ʒ^o rɷn	*ils voyent*, ou *ils verront*.
t^a n ʒ^o rn	*elles voyent*, ou *elles verront*.
t^a n ʒ^o rɷn	*vous voyez*, ou *vous verrez*. masc.
t^a n ʒ^o rn	*vous voyez*, ou *vous verrez*. fém.
n^a n ʒ^o r	*nous voyons*, ou *nous verrons*.

REMARQUES.

1.° Cet exemple prouve ce que nous avons dit : 1.° que les lettres serviles sont passées devant la racine ; 2.° que la première lettre radicale est devenue fermée, parce que son *a* syllabique la précède ; 3.° que la seconde radicale change *a* en *o* ; à quoi il faut ajouter que la troisième radicale qui manque de voyelle dans l'arabe vulgaire, prend *o* dans l'arabe littéral, où l'on dit ï*an*ʒor^o, t*an*ʒor^o, anʒor^o, n*an*ʒor^o, et après les *n*, vient *a* final, ïanʒorɷn-*a*, t*an*ʒorɷn-*a*, et t*an*ʒorn-*a*.

2.° L'équivoque qui existe entre la première personne féminine, *elle voit*, et la seconde masculine, *tu vois*, t^a nʒ^o r, pour les deux, est un défaut qui ne se remédie qu'en appliquant le pronom de chacune,

hi t^a nʒ^o r, *elle voit*.
ent t^a nʒ^o r, *tu vois*. masc.

3.° Dans le littéral le futur se distingue du

présent par la particule *sa* placée devant le mot, et rien n'empêche d'en adopter dans le vulgaire l'usage qui est simple.

	s'ïanʒor	*il verra.*
hi	sat'anʒor	*elle verra.*
ent	sat'anʒor	*tu verras.* masc.
	sat'anʒori	*tu verras.* fém.
	s'anʒor	*je verrai.*
	s'ianʒorω n	*ils verront.*
	s'tanʒorn	*elles verront.*
	sat'anʒorω n	*vous verrez.* masc.
	sat'anʒorn	*vous verrez.* fém.
	san'anʒor	*nous verrons.*

L'impératif n'est caractérisé que dans la seconde personne singulière et plurielle.

onʒ^{e}r	*vois.* masc.
onʒ^{e}ri	*vois.* fém.
onʒ^{e}rω	*voyez.* comm.

Le reste des personnes se conjugue comme au présent en faisant précéder la particule *l'* qui signifie *que* et *pour que.*

l'ï^{a}nʒ^{e}r	*qu'il voye.*
l'anʒ^{e}r	*que je voye.*

Le participe est formé des trois radicales prononcées la première en â long, la seconde en e bref, et la troisième avec les finales des noms, ce qui en fait un adjectif déclinable, selon ce que nous avons dit, article des genres.

EXEMPLE.

nâẓʿr	*voyant.*
nâẓʿr - oûn	*voyans.*
nâẓʿr - *ăt*	*voyante.*
nâẓʿr - ât	*voyantes.*

Il faut encore compter dans le verbe régulier deux formes qui produisent deux noms substantifs très-expressifs et très-commodes. Le premier de ces noms exprime l'action active, le *faire* de l'agent, s'il est permis de le dire.

EXEMPLE.

el n^a^ẓr^o^, l'action de voir, le *regardement.*

Le *regard* est un terme équivoque, puisqu'il s'applique également au coup d'œil qui est la chose, et à l'action de regarder. Notre langue française manque habituellement de ce substantif actif, et elle est forcée d'employer le substantif passif; ainsi l'on dit cet homme entend bien la *composition*, et l'on devrait dire, cet homme entend bien le *composement*, l'art de composer; car la *composition* est la *chose composée*, *RES COMPOSITA*, au passif; au lieu que le *composement* est la faculté et l'action de composer, considérée dans l'agent qui compose : ainsi la *fortification* d'une ville est le matériel de ses murailles ; mais l'action, l'art de la fortifier est le *fortifiement* : la *discussion* d'une question est la chose *discutée, secouée ;* mais l'action, l'art de la discuter est le *discutement* : la *persuasion* et la *conviction* qui en résulte, sont des états passifs de l'esprit persuadé, convaincu ; mais l'opération, l'art de celui qui a persuadé est le *persuadement*, le *convainquement*.

Ce substantif actif qui a lieu dans presque tous les verbes arabes, et qui se forme, comme on l'a vu, des trois radicales, prend jusqu'à trente-trois formes, que l'usage apprend bien mieux que les préceptes ; mais il prononce toujours sa première radicale en *a* bref, sa seconde fermée, et sa troisième avec les finales grammaticales *o*, *i*, *a*, ce qui en fait un nom et non pas un infinitif, comme le prétendent les grammairiens.

EXEMPLE.

Nom. el n*a*ʒr-^{o} *le regard.*
Gén. el n*a*ʒr-^{i} *du regard.*
Dat. l'el n*a*ʒr-^{i} *au regard.*
Acc. el n*a*ʒr-^{a} *le regard.*

L'on se rappelle que ces finales grammaticales *o*, *i*, *a*, ne sont usitées que dans l'arabe savant.

Ce substantif est ordinairement employé d'une manière singulière en sens confirmatif, avec la finale a'n propre aux adverbes.

EXEMPLE.

naʒart-ho naʒra'n *je l'ai vu d'un regard.*
d'arabt-ho d'arba'n *je l'ai frappé d'un coup.*

Ce qui diffère de naʒart-ho nâʒeran, *je l'ai vu regardant*; d'arabt-ho d'are-ban, *je l'ai frappé frappant.*

La première tournure, a'n, l'a fait regarder comme un participe, ce qui n'est pas.

Un second substantif est celui qui se forme en plaçant un *ma* devant les lettres radicales dont la première se ferme, la seconde s'ouvre en *a* *(a)*, et la troisième prend les finales grammaticales; et ce genre de substantifs exprime le *temps* et le *lieu* de l'*action.*

EXEMPLE.

el m^{a}nʒ^{a}r *le temps de voir, le lieu où l'on voit.*
el m^{a}kt^{a}b *le temps d'écrire, le lieu où l'on écrit.*

Et ces noms ont des pluriels qui communément prennent la forme suivante :

el m^{a}nâʒ'r *les lieux et temps de voir.*
el m^{a}kâteb *les bureaux, lieux et temps d'écrire.*

(a) Douze font exception et prononcent la deuxième radicale en *e* comme el maqreq, *l'orient*; el maʒreb, *le couchant*, &c.

C'est-à-dire, première radicale en â long, seconde en *e* bref, et troisième en finales grammaticales, selon les cas.

Avec de légers changemens cette forme sert à exprimer des instrumens, des outils analogues à une action; ainsi l'on dit :

mefta'h	*une clé;*	de *fata'h*	*ouvrir.*
meksa'hat	*un balai;*	de k*asa'h*	*balayer.*
me'hl*a*b	*un vase à traire;*	de 'hal*a*b	*traire du lait.*

Où l'on voit que l'*m* se prononce en *e*, et la seconde radicale en *a*; mais cette règle est moins constante et moins générale, et il faut s'en rapporter au dictionnaire *(a)*.

(a) Nous avons omis les duels usités seulement dans l'arabe littéral; les voici :

DUEL DU PRÉTÉRIT.

n^{a}ʒ^{a}ra	*eux deux ont vu.*
n^{a}ʒ^{a}r^{e}ta	*elles deux ont vu.*
n^{e}ʒ^{a}r^{e}t^{e}ma	*vous deux avez vu.* comm.

L'on voit que l'a long final est la lettre caractéristique.

DUEL DU PRÉSENT.

y^{e}nʒ^{e}r-ân	*eux deux voyent*, ou *verront.*
t^{e}nʒ^{e}r-ân	*elles deux* et *vous deux voyez*, ou *verrez.*

DUEL DE L'IMPÉRATIF.

onʒ^{e}ra	*voyez vous deux.*

DUEL DU PARTICIPE.

nâʒ^{e}ian *ou* n^{e}ʒ^{e}r^{e}in, *voyant eux deux.*
nâʒ^{e}r^{a}tan *ou* n^{a}ʒ^{e}r^{a}t^{a}in, *elles deux voyent.*

Cette première conjugaison peut donner une idée de toutes les autres, elle en est un modèle en ce que la troisième personne tant du prétérit que du passé, étant une fois connue, tout le reste de la conjugaison l'est aussi, parce que la difficulté consiste seulement à connaître la qualité et l'inversion des petites consonnes.

Or ces autres conjugaisons consistent en trois classes qui sont :

1.° Les conjugaisons dérivées, c'est-à-dire formées de la première régulière, par l'addition ou la combinaison de certaines lettres.

2.° La conjugaison des verbes sourds, c'est-à-dire, dont la seconde consonne est *fermée* ou sans voyelle, et est redoublée.

EXEMPLE.

m^{e}dd *il a étendu ;* r^{e}dd *il a rendu.*

3.° Les verbes défectifs ou à voyelles radicales changeantes et éclipsantes.

raħ *il est allé ;* y^{e}roûħ *il va.*

A quoi il faut ajouter les passifs de toutes ces conjugaisons. Nous allons traiter d'abord des conjugaisons dérivées.

CHAPITRE V.

Des Conjugaisons dérivées.

LES conjugaisons dérivées sont au nombre de douze, ce qui, avec la première que nous venons de voir, forme treize conjugaisons pour la première classe; le tableau ci-joint (N.° 3) en donnera une idée plus claire que tout ce que nous en pourrions dire en détail; il suffira d'y ajouter quelques observations.

La première est que les douze formes que présente ici le verbe *naśar*, sont purement fictives, attendu qu'aucun verbe ne se combine de toutes ces façons; un grand nombre n'est usité que dans une forme; plusieurs le sont dans deux, trois, quatre et même jusqu'à six, mais aucun jusqu'à douze, soit en actif, soit en passif. Ce modèle sert seulement à indiquer comment se combinent les lettres radicales, les lettres ajoutées et les voyelles mineures intercalées.

La première forme, dite primitive ou radicale, a une signification simple, soit active, comme

naȝ̣ar	*il a vu.*
naśar	*il a aidé.*
ḍarab	*il a frappé.*

soit neutre comme ħazᵉn, *il a été triste.*

(N.° 3.)

CONJUGAISONS DÉRIVÉES DU VERBE RÉGULIER.

ACTIF.

	PRÉTÉRIT. (a)	PRÉSENT et FUTUR.	IMPÉRATIF.	PARTICIPE.	SUBSTANTIF.	PRÉTÉRIT.
1	n^{a}ṣ^{a}r.	i^{a}nṣ^{o}r.	onṣ^{o}r.	nâṣ'r.	n^{a}ṣr.	*il a aidé*, &c.
2	n^{a}ṣṣ^{a}r.	ï^{o}n^{a}ṣṣ'r.	n^{a}ṣṣ'r.	m^{o}n^{a}ṣṣ'r.	t^{a}nṣîrân.	*il a fait aider,*
3	nâṣ^{a}r.	ï^{o}nâṣ'r.	nâṣ'r.	m^{o}n^{a}ṣ'r.	m^{o}nâṣ^{a}rât.	*et il a rendu nazaréen.*
4	anṣ^{a}r.	ï^{o}nṣ'r.	anṣ'r.	m^{o}nṣ'r.	enṣârân.	
5	t^{a}n^{a}ṣṣ^{a}r.	ï^{a}t^{a}n^{a}ṣṣ^{a}r.	t^{a}n^{a}ṣṣ^{a}r.	m^{o}t^{a}n^{a}ṣṣ'r.	t^{a}n^{a}ṣṣ^{o}rân.	
6	t^{a}nâṣ^{a}r.	ï^{a}t^{a}nâṣ^{a}r.	t^{a}nâṣ^{a}r.	m^{o}t^{a}nâṣ'r.	t'nâṣ^{o}ran.	*ils se sont entr'aidés.*
7	enn^{a}ṣ^{a}r.	ï^{a}nn^{a}ṣ'r.	enn^{a}ṣ'r.	m^{o}nn^{a}ṣ'r.	enn^{a}ṣâran.	
8	ent^{a}ṣ^{a}r.	ï^{a}nt^{a}ṣ'r.	ent^{a}ṣ'r.	m^{o}nt^{a}ṣ'r.	ent^{a}ṣâran.	*il a été aidé et délivré.*
9	enṣ^{a}r^{a}r.	ï^{a}nṣ^{a}r^{a}r.	enṣ^{a}r'r.	m^{o}nṣ^{a}r'r.	enṣ'rârân.	
10	est^{a}nṣ^{a}r.	ï^{a}st^{a}nṣ'r.	est^{a}nṣ'r.	m^{o}st^{a}nṣ'r.	est'nṣâran.	*il a imploré l'aide.*
11	enṣâr^{a}r.	ï^{a}nṣâr^{a}r.	enṣâr'r.	m^{o}nṣâr'r.	enṣirâran.	
12	enṣωṣ^{a}r.	ï^{a}nṣ^{a}ṣ'r.	enṣ^{a}ṣ'r.	m^{o}nṣ^{a}ṣ'r.	enṣiṣâran.	
13	enṣaω^{a}r.	ï^{a}nṣ^{a}ω'r.	enṣ^{a}ω'r.	m^{o}nṣ^{a}ω'r.	enṣωâran.	

(a) Dans l'arabe littéral toute la colonne des prétérits ajoute un *a* à l'*r*, et l'on dit n^{a}ṣ^{a}r^{a}; n^{a}ṣṣ^{a}r^{a}, &c. Toute la colonne du présent change cet *a* en *o* : ï^{a}nṣ^{o}r^{o}, ï^{o}n^{a}ṣṣ'r^{o}, &c. L'impératif n'ajoute rien, et les deux autres colonnes, le participe et le substantif, se déclinent comme les noms.

La seconde forme n*aššar*, qui redouble sa deuxième radicale, et la quatrième an*šar*, désignent l'action de faire faire, et s'appellent par cette raison *factitives.*

EXEMPLE.

n"šš"r, anš"r *il a fait aider.*
ħ"ẓẓ"n *il a fait triste ; il a affligé.*

La troisième forme nâš"r, exprime une action sur la personne ou la chose dont on reçoit une action semblable. On peut l'appeler *forme réciproque.*

EXEMPLE.

đâr"b-ni *il me frappa le premier* (mais je le lui rendis); *il me provoqua.*

La sixième désigne une action réciproque et concurrente.

EXEMPLE.

t"đâr"bω *ils s'entrebattirent.*
t"nâš"rω *ils s'entr'aidèrent.*

Les cinquième, septième et huitième forment des passifs.

EXEMPLE.

tα"ll"m *il a été instruit.*
enk"s"r *il a été brisé.*
eqt"š"r *il a été abrégé.*

La dixième exprime par le mot *est* le désir de faire.

EXEMPLE.

est^{a}ta^{a}m	*il a désiré de goûter.*
est^{a}γfer	*il a demandé grâce.*

La neuvième et la onzième sont consacrées à exprimer l'état intense des couleurs ou des difformités.

EXEMPLE.

du terme asf^{a}r	*il a été jaune*, l'on fait
esf^{a}rr^{a}r	*il a été d'un jaune vif; très-jaune.*
esfâr^{a}r	*il a été excessivement jaune.*
edx^{a}m^{a}m *et* edxâm^{a}m	*il a eu la bouche de travers.*

La douzième et la treizième sont d'un usage infiniment rare, elles expriment aussi une intensité de l'action ou de la qualité.

EXEMPLE.

x^{a}φ^{a}n	*il a été âpre.*
exφ^{a}ωφ^{a}n	*il a été très-âpre.*
tl^{a}t	*il s'est attaché, il s'est collé.*
etlωω^{a}t	*il s'est fortement attaché.*

Quant aux passifs, il n'y en a qu'un très-petit nombre d'usités; et ce sont ceux de la première et de la seconde forme dont nous allons donner un exemple pour servir de modèle à tous les verbes de ces deux formes.

PASSIF du Verbe régulier n^{a}ṣ^{a}r.

PRÉTÉRIT.

n^{o}ṣ^{e}r^{a} *il a été aidé.*
n^{o}ṣ^{e}r^{a}t *elle a été aidée.*
n^{o}ṣ^{e}rt^{a} *tu as été aidé.* masc.
n^{o}ṣ^{e}rt^{i} *tu as été aidée.* fém.
n^{o}ṣ^{e}rt^{o} *j'ai été aidé.*
n^{o}ṣ^{e}rω (en littéral n^{o}ṣ^{e}rωâ) *ils ont été aidés.*
n^{o}ṣ^{e}rn^{a} *elles ont été aidées.*
n^{o}ṣ^{e}rt^{o}m *vous avez été aidés.*
n^{o}ṣ^{e}rt^{o}nn^{a} *vous avez été aidées.* fém.
n^{o}ṣ^{e}rnâ *nous avons été aidés.*

L'on voit que dans le passif, la première radicale se prononce en *o*, la deuxième en *e*, et la troisième en *a* dans le littéral; car dans le vulgaire, on dit simplement n^{o}ṣ^{e}r.

Dans le littéral on dit pour le duel :

n^{o}ṣ^{e}râ *eux deux ont été aidés.*
n^{o}ṣ^{e}r^{a}tâ *elles deux ont été aidées.*
n^{o}ṣ^{e}rt^{o}mâ *vous deux avez été aidés.*

PRÉSENT et FUTUR.

ï^{o}nṡ^{a}r^{o} *il est ou sera aidé.*

t^{o}nṡ^{a}r *elle sera aidée.*

t^{o}nṡ^{a}r *tu seras aidé.* masc.

t^{o}nṡ^{a}rî *tu seras aidée.* fém.

onṡ^{a}r^{o} *je serai aidé.*

ï^{o}nṡ^{a}rωn *ils seront aidés.*

ï^{o}nṡ^{a}rn^{a} *elles seront aidées.*

t'^{o}nṡ^{a}rωn *vous serez aidés.* masc.

t'^{o}nṡ^{a}rn^{a} *vous serez aidées.* fém.

n'^{o}nṡ^{a}r^{o} *nous serons aidés.*

Le présent et le futur, comme l'on voit, tournent les trois radicales comme dans l'actif, avec la différence des voyelles supplétives qui sont *o*, *a*; et comme à la troisième personne singulière le pronom *a* ne peut se montrer comme dans a-nṡ^{a}r, le petit *o* caractéristique devient dominant, et remplaçant cet *a*, il produit o-nṡ^{a}r; ce qui est une règle générale dans tous les passifs de cette classe.

Dans le littéral on dit pour le duel :

ï^{o}nṡ^{a}rân^{i} *eux deux seront aidés.* masc.

t^{o}nṡ^{a}rân^{i} *elles deux seront aidées.* fém.

t^{o}nṡ^{a}rân^{i} *vous deux serez aidés.* commun.

Pour former l'impératif on se sert des personnes du présent, auxquelles l'on ajoute la particule *l'*.

l' t^{e} nṡ^{a} r	*sois aidé.*
l' ï^{e} nṡ^{a} r, &c.	*qu'il soit aidé.*

PARTICIPE	SINGULIER.		PLURIEL.	
masc.	m^{a} nṡωr^{en}	*aidé;*	m^{a} nṡωrωn^{a}	*aidés.*
fém.	m^{a} nṡωràt^{on}	*aidée;*	m^{a} nṡωrât^{u}	*aidées.*

Dans le littéral on dit pour le duel :

m^{a} nṡωrân^{i}	*eux deux aidés.*
m^{a} nṡωr^{a} tân^{i}	*elles deux aidées.*

Les substantifs sont tantôt en *a*, i, comme n^{a} ṡir, tantôt en *a*, ω, comme n^{e}ṡωr; et souvent ils manquent et s'empruntent des autres conjugaisons.

Quant au passif de la conjugaison, n.° 2, n^{a}ṡṡ^{a}r, il se forme en *o*, *e*, *a* pour le prétérit; en *e*, *a*, *e* pour le présent; et en *o*, *a*, *a* pour le participe.

EXEMPLE.

PRÉTÉRIT.	PRÉSENT et FUTUR.	IMPÉRATIF.
n^{o} ṡṡ^{e} r^{a}.	ï^{o} n^{a} ṡṡ^{e} r^{o}.	l' ï^{o} n^{a} ṡṡ^{e} r.

PARTICIPE.	SUBSTANTIF.
m^{e} n^{a} ṡṡ^{a} r.	t^{a} n^{a} ṡṡir.

Mais cette classe de passifs est peu employée dans l'arabe vulgaire, et l'on s'y sert plus généralement de la forme 5, t^{a}n^{a}ss^{a}r, de la forme 7 enn^{a}ş^{a}r, et de la forme 8 ent^{a}ş^{a}r.

C'est au dictionnaire, composé selon notre méthode, qu'appartiennent les remarques convenables à cet égard; la multitude des exceptions dans les grammaires embarrasse et décourage les commençans, et il leur est plus utile et plus agréable de ne les apprendre qu'à mesure du besoin qui alors fixe mieux leur attention.

Verbes à quatre lettres.

Quelques verbes font exception à la règle générale des trois lettres radicales, et en ont quatre comme d^{a}ħr^{a}dj, *il a* [*roulé*], q^{a}mt^{a}r, *il a lié par étranglement.* Ces verbes suivent la forme n.° 2, c'est-à-dire que privant de voyelle la seconde radicale, ils prononcent leur prétérit en *a, a;* leur présent et futur en *o, a, e;* et leur participe en *o, a, e* comme n^{a}ss^{a}r.

EXEMPLE.

PRÉTÉRIT.	PRÉSENT et FUTUR.	IMPÉRATIF.	PARTICIPE.
d^{a}ħr^{a}dj^{a}.	i^{e}d^{a}ħr^{i}dj.	d^{a}ħr^{i}dj.	mod^{a}ħr^{i}dj.

Quant au substantif l'on dit tantôt d^{a}ħr^{a}djàt, et tantôt d^{a}ħr^{a}djâ'n.

Le

Le passif se conjugue en *o*, *e*, *a* comme n^{o}ss^{e}r^{a}.

EXEMPLE.

PRÉTÉRIT.	PRÉSENT et FUTUR.	IMPÉRATIF.
d^{o}ħr^{e}dj^{a}	i^{o}d^{a}ħr^{a}dj^{o}	l'i^{o}d^{a}ħr^{a}dj

PARTICIPE.	SUBSTANTIF.
m^{o}d^{a}ħr^{a}dj	m^{o}d^{a}ħr^{e}djân.

C'est encore au dictionnaire à indiquer les exceptions.

CHAPITRE VI.

Verbes sourds, ou à deuxième radicale privée de consonne et redoublée.

VENONS à la seconde classe des conjugaisons : celle des verbes qui dans l'écriture arabe ne présentant que deux radicales, doublent la seconde pour en avoir trois.

EXEMPLE.

مَدَّ prononcé m^{a}dd^{a} *il a étendu.*

رَدَّ prononcé r^{a}dd^{a} *il a rendu.*

Les grammairiens appellent ces verbes *sourds*, parce que la seconde consonne est privée de voyelle : il en résulte pour la manière de conjuguer les temps et les personnes, des particularités qui demandent un exemple.

PRÉTÉRIT ACTIF.

r^{a}dd^{a}	*il a rendu.*	
r^{a}dd^{a}t	*elle a rendu.*	
r^{a}d^{a}dt^{a}	*tu as rendu.*	masc.
r^{a}d^{a}dt^{i}	*tu as rendu.*	fém.
r^{a}d^{a}dt^{o}	*j'ai rendu.*	
r^{a}ddω (*a*)	*ils ont rendu.*	
r^{a}d^{a}dtω	*vous avez rendu.*	
r^{a}d^{a}dnâ	*nous avons rendu.*	

Vulgairement on dit r^{a}ddait *j'ai rendu*, et *tu as rendu*; et r^{a}ddaitω *vous avez rendu*, comme si la racine était r^{a}ddä, i^{e}r^{a}ddi; et quoique ce soit un défaut, la douceur de cette prononciation l'a fait prévaloir sur l'autre.

PRÉSENT et FUTUR.

i^{a}r^{a}dd^{e}	*il rend* ou *rendra.*	
t'^{a}r^{a}dd	*elle rend* ou *rendra.*	
t'^{a}r^{a}dd^{a}	*tu rends* ou *rendras.*	masc.
t^{a}r^{a}dd^{i}	*tu rends* ou *rendras.*	fém.
ar^{a}dd	*je rends* ou *rendrai.*	
i^{e}r^{a}ddω	*ils rendent* ou *rendront.*	

(*a*) Règle générale, on ne distingue point dans l'arabe vulgaire le masculin du féminin dans le nombre pluriel.

t^{a}r^{e}ddω	*vous rendez* ou *rendiez.*
n^{a}r^{e}dd^{e}	*nous rendons* ou *rendiens.*

IMPÉRATIF.

r^{e}dd	*rends.*	masc.
r^{e}dd^{i}	*rends.*	fém.
r^{e}ddω	*rendez.*	commun.

Les autres personnes forment, avec la particule *l'* mise devant le présent l'î^{a}r^{e}dd, *qu'il rende.*

SINGULIER PARTICIPE.

masc.	râdd^{en}	*rendant.*	râddωn	*rendans.*
fém.	râddât^{en}	*rendante.*	râddât	*rendantes.*

On voit que dans ce participe c'est la même règle que dans nâs'r, c'est-à-dire que l'*â* ouvert est le signe caractéristique.

SUBSTANTIF.

r^{e}ddân, *l'action de rendre;* même règle encore que n^{a}srâ'n.

PASSIF.

Le passif se forme avec les mêmes voyelles intercalaires que n^{o}s'r.

PRÉTÉRIT.

r^{o}dd^{a}	*il a été rendu.*
r^{o}dd^{a}t	*elle a été rendue.*

r^a d^e dt	*tu as été rendu.*
r^a d^e dt^i	*elle a été rendue.*
r^a d^e dt	*j'ai été rendu.*
r^a ddω	*ils ont été rendus.*
r^a d^e dtω	*vous avez été rendus.*
r^a d^e dna	*nous avons été rendus.*

PRÉSENT et FUTUR.

ï^e r^a dd	*il est* ou *sera rendu.*
t^e r^a dd	*elle est* ou *sera rendue.*
t^e r^a dd	*tu es* ou *seras rendu.*
t^e r^a dd^i	*tu es* ou *seras rendue.*
or^a dd	*je suis* ou *serai rendu.*
ï^e r^a ddω	*ils sont* ou *seront rendus.*
t^e r^a ddω	*vous êtes* ou *serez rendus.*
n^e r^a dd	*nous sommes* ou *serons rendus.*

Il n'y a point d'impératif particulier ; il se forme avec le présent et la lettre *l'* : l'ï^e r^a dd, *qu'il soit rendu, &c.*

PARTICIPE.

masc.	m^a rdωd^{on}	*rendu.*	m^a rdωdωn	*rendus.*
fém.	m^a rdωdât^{on}	*rendue.*	m^a rdωdât	*rendues.*

SUBSTANTIF.

m^a rdωdân *et* m^a rdωdatân, *restitution.*

De cette racine r^a dd, se forment ou peuvent

se former les mêmes dérivés que de la racine n^a^s^a^r; et ces dérivés se conjuguent selon les modèles du tableau n.° 3, page 91; ainsi l'on peut dire,

2.... r^a^dd^a^d, ï^a^r^a^dd^a^d, *il a fait rendre.*
4.... ar^a^dd,
8.... ert^a^dd, *il a été rendu.*
10... est^a^r^a^dd, *il a désiré de rendre.*

Mais l'usage seul et le dictionnaire peuvent apprendre lesquelles de ces formes sont usitées dans le vulgaire, et dans chaque pays arabe.

CHAPITRE VII.

Des Verbes défectueux, ou qui ont des voyelles pour lettres radicales.

LORSQUE dans un verbe l'une des trois lettres radicales est voyelle, le verbe s'appelle défectueux, parce que dans les diverses modifications des temps, des personnes et des conjugaisons, cette voyelle se change ou même s'éclipse tout-à-fait.

Néanmoins il ne faut pas croire que ces changemens se fassent sans règles; ils en ont au contraire d'assez fixes, qui proviennent de ces petites voyelles intercalées que nous venons de voir servir par leurs inversions à exprimer tous les modes des temps, des personnes et des conjugaisons; c'est-à-dire, que ce sont ces petites voyelles qui affectant les grandes, selon les principes du tableau n.° 1.er, page 39, les changent ou les confirment pour obéir aux règles générales de la conjugaison. Quelques exemples rendront ce mécanisme sensible.

Le verbe âk^{a}l, *il a mangé*, offre pour première radicale la grande voyelle â. Dans les principes de la conjugaison n.° 1, la première radicale est affectée du petit *a*, n^{a}ṣ^{a}r; donc il faudrait écrire â^{a}k^{a}l. Mais ces deux sons se confondant par identité, on dit simplement âk^{a}l.

Au passif, ce n'est plus le petit *a* qui affecte la première radicale, c'est *o* (n^{o}ṣ^{e}r), et il faudrait dire a^{o}k^{e}l; mais *a* affecté d'*o*, ferait un hiatus; et pour l'éviter, les Arabes ont adopté la règle générale de ne prononcer que *o*, avec cette remarque que ce petit *o* bref et intercalaire devient un *o* radical et dominant; et ils disent ok^{e}l, *il a été mangé*.

Si la voyelle est au milieu, les mêmes principes guident ses changemens: ainsi ces principes voulant que la seconde radicale, au prétérit actif, soit toujours affectée d'*a*, presque jamais cette seconde radicale n'y offre d'î ni d'ω; ces deux voyelles ne peuvent se montrer qu'au présent et futur.

EXEMPLE.

qâl, *il a dit*, ï"qωl *il dit*, ou *dira*.
zâd *il a augmenté*, ï"zîd *il augmente* ou *augmentera*.

Appliquez à cet exemple les petites voyelles du modèle n"s"r, et vous verrez leurs règles observées.

q"â"l, ï"qω"l.
n"s"r, ï"ns"r.

zâd cependant ne fait pas ï"zωd, mais ï"zîd, et en cela il suit la règle d'une foule de verbes qui à la seconde radicale du présent prennent le kesré ou petit *e*, comme k"s"r *il a brisé*, ï"ks"r *il brise*.. et il en résulte pour tous les verbes qui ont â pour seconde radicale, l'équivoque de savoir s'ils tournent en ω ou en î : l'usage et le dictionnaire peuvent seuls l'enseigner.

Enfin, si la troisième radicale est une voyelle, c'est encore la petite voyelle supplétive qui la régit. Cette petite voyelle ne se montre point dans l'arabe vulgaire qui dit simplement n"s"r ï"ns"r; mais elle existe dans le littéral qui écrit et prononce n"s"r", ï"ns"r".

La troisième radicale étant voyelle sera donc

généralement affectée d'*a*, c'est-à-dire sera toujours â au prétérit actif; mais elle pourra tourner au présent et au futur tantôt en ω, et tantôt en î, attendu qu'il y a une quantité de verbes où elle est î. C'est pour les indiquer que j'ai imaginé de marquer de deux points ä, l'a final qui représente cet ï.

EXEMPLE.

r^amä *il a jeté*, ï^armi *il jette.*
m^alä *il a rempli*, ï^amli *il remplit.*

Les verbes en ω font

γ^aza *il a attaqué*, ï^aγzω *il attaque.*
ħ^ala *il a été doux au goût*, ï^aħlω *il est doux au goût.*

La voyelle aïn subit des changemens analogues à ceux que nous venons de voir, quoique les grammairiens l'ayent voulu conjuguer régulièrement, et que même ils ayent établi le verbe, fal, pour modèle de la première conjugaison; mais leur erreur en ce point se rend sensible, et par l'écriture, et par la prononciation qui s'accordent à prouver que l'a se modifie en e et en o, selon qu'il est affecté de domma ou de kesré.

EXEMPLE.

az^al *il a destitué*, devient au passif ozel *il a été destitué.*

f^{a}ɑl *il a fait*, donne fâɛl *faisant*, et m^{a}foωl fait, *factus.*

ɑbb *il a avalé*, devient ï^{a}ωbb *il avale.*

ɑzz *il a été précieux*, devient ï^{a}ɛzz *il est précieux.*

Ainsi c'est une règle générale, que l'aïn se modifie en ɛ et en ω, selon qu'il est affecté des petites voyelles *é* et *o.*

Sur quoi nous remarquerons 1.° que lorsqu'il fait partie d'un verbe sourd, comme dans ɑbb et ɑzz, il suit toutes les règles de r^{a}dd pour le doublement de sa consonne; mais il tourne au présent tantôt en ɛ et tantôt en ω, c'est-à-dire qu'il est affecté tantôt du petit *é*, et tantôt du petit *o.*

2.° Qu'il ne doit être influencé que par la voyelle intercalaire qui lui appartient en propre, et qu'il ne faut pas lui confondre celles qui appartiennent aux autres radicales : ainsi, selon le type n^{a}s^{a}r, on devrait écrire f^{a}ɑ^{a}l; mais dans ɑ^{a}l le petit *a* se confond à l'aïn, et il reste f^{a}ɑl, parce que le premier petit *a* appartient à f.

3.° Qu'à la fin des mots du temps présent et futur, l'aïn ne suit pas communément la règle de ï^{a}ns^{o}r où l'on voit l'*o* affectant la seconde radicale; mais qu'il reste souvent ce qu'il est sans changement : ainsi le verbe q^{a}tɑ *il a coupé*, ne fait pas ï^{a}qtω, mais ï^{a}qtɑ; ce qui n'empêche pas que dans le littéral on ne le fasse suivre de la finale caractéristique *e*, puisque l'on y dit ĭ^{a}q^{s}ta^a, comme ĭ^{a}nš^{a}r^a.

Mais c'est encore au dictionnaire qu'il appartient d'indiquer le caractère spécial de chaque verbe, comme l'a fait Golius dans son *Océan* de la langue arabe (qâmωs el loγât el ârabîât).

Nous allons donner quelques exemples des conjugaisons les plus générales des verbes imparfaits.

EXEMPLE.

VERBE dont la première radicale est voyelle.

PRÉTÉRIT.

âk^{a}l *il a mangé.*
âk^{a}l^{a}t *elle a mangé.*
âk^{a}lt *tu as mangé.* masc.
âk^{a}lt^i *tu as mangé.* fém.
âkalt *j'ai mangé.*
âk^{a}lω *ils ont mangé.*
âk^{a}ltω *vous avez mangé.*
âk^{a}lna *nous avons mangé.*

PRÉSENT et FUTUR.

ĭâk^{a}l *il mange* ou *mangera.*
t'âk^{a}l *elle mange* ou *mangera.*
t'âkel^e *tu manges* ou *mangeras.* masc.
t'âkel^i *tu manges* ou *mangeras.* fém.

â'k"l *(a)*. *je mange* ou *mangerai.*
ïâk"lω *ils mangent* ou *mangeront.*
t'ak"lω *vous mangez* ou *mangerez.*
n'ak"l *nous mangeons* ou *mangerons.*

IMPÉRATIF.

k"l *mange.* masc. k"li *mange.* fém. *(b).*

PARTICIPE.

âkel *(c)* *mangeant*, âk'lât *mangeante.*
âk'lωn *mangeans*, âkelât *mangeantes.*

SUBSTANTIF.

el akl *(d)* *le manger.*

Au passif, la racine akal suivant les règles de n"s'r se change en o"k'l ; et l'on dit :

Prétérit. ok'l *il a été mangé*, &c.
Présent. ïωk"l *il est* ou *sera mangé*, &c.
Participe. m'âkωl *mangé.*
Substantif. akîlât *chose mangeable.*

(a) On devrait écrire *â'"k"l* ; mais la virgule suffit pour avertir de l'élision de l'*a* mineur, afin d'éviter l'hiatus.

(b) L'*a* radical se supprime dans ce verbe ainsi que dans χ"d *prends*, et m"r *commande* ; mais dans les autres il devient *e* ou *i*.

(c) Au lieu de ââkel.

(d) Qu'il ne faut pas prononcer comme el âql *l'esprit.*

VERBE dont la seconde radicale est voyelle.

Dans ce verbe il faut savoir si cette seconde radicale tourne au présent et futur en ω, comme qâl, ï^{a}qωl, ou en *i*, comme sâl, ï^{a}sîl *il a questionné.*

PREMIER EXEMPLE.

qâl *(a), il a dit.* ï^{a}qωl *il dit.*

PRÉTÉRIT.

qâl	*il a dit.*	
qâl^{a}t	*elle a dit.*	
q^{a}lt^{a}	*tu as dit.*	masc.
q^{a}lt^{i}	*tu as dit.*	fem.
q^{e}lt^{o}	*j'ai dit.*	
qâlω	*ils ont dit.*	
q^{e}ltω	*vous avez dit.*	
q^{a}lnâ	*ils ont dit.*	

PRÉSENT et FUTUR.

ï^{a}qωl	*il dit* ou *dira*, &c.	
t'^{a}qωl	*elle dit.*	
t'^{a}qωl	*tu dis.*	masc.
t'^{a}qωl^{i}	*tu dis.*	fém.
â'qωl	*je dis.*	
ï^{a}qωlω	*ils disent.*	

(a) L'on devrait écrire q^{a}*âl*, mais la suppression du petit *a* ne donne lieu à aucune équivoque, et elle évite un hiatus.

t'ᵃ qωlω	*vous dites.*
nᵃ qωl	*nous disons.*

IMPÉRATIF.

qᵉl *dis*, masc. qᵉlⁱ *dis*, fém. qᵒlω *dites*, com.

PARTICIPE.

qâïl	*disant*,	qâïlàt	*disante.*
qâïlωn	*disans*,	qâïlât	*disantes.*

SUBSTANTIF.

el qôl *la parole, le dire.* *Pluriel;* el aqωâl.

PASSIF.

PRÉTÉRIT.

qîl	*il a été dit.*
qîlᵉt	*elle a été dite.*
qᵉltᵃ	*tu as été dit.*
qᵉltⁱ	*tu as été dite.*
qeltᵒ	*j'ai été dit.*
qîlω	*ils ont été dits.*
qᵉltω	*vous avez été dits.*
qᵉlnâ	*nous avons été dits.*

PRÉSENT et FUTUR.

ïᵒqâl	*il est ou sera dit.*
t'ᵒqâl	*elle est ou sera dite.*
t'ᵒqâl	*tu es ou seras dit.*
t'ᵒqâlⁱ	*tu es ou seras dite.*

o'qâl *je suis* ou *serai dit.*
ï^o^qâlω *ils sont* ou *seront dits.*
t'^o^qâlω *vous êtes* ou *serez dits.*
n^o^qâl *nous sommes* ou *serons dits.*

IMPÉRATIF.

l'ï^o^qâl *qu'il soit dit*, &c.

PARTICIPE.

m^a^qωl *dit*, &c.

SECOND EXEMPLE.

sâr *il a marché*, ï^a^sîr *il marche.*

PRÉTÉRIT.

sâr	*il a marché.*	
sâr^a^t	*elle a marché.*	
s^e^rt	*tu as marché.*	masc.
s^e^rt^i^	*tu as marché.*	fém.
s^e^rt^o^	*j'ai marché.*	
sârω	*ils ont marché.*	
s^e^rtω	*vous avez marché.*	
s^e^rnâ	*nous avons marché.*	

PRÉSENT et FUTUR.

ï^a^sîr	*il marche* ou *marchera.*	
t'^a^sîr	*elle marche.*	
t'^a^sîr	*tu marches.*	masc.
t'^a^sîr^i^	*tu marches.*	fém.
â'sîr	*je marche.*	

ï[a] sîrω	*ils marchent.*
t'[a] sîrω	*vous marchez.*
n'[a] sîr	*nous marchons.*

IMPÉRATIF.

s'r	*marche*, masc.	sîr[i]	*marche.* fém.
sîrω	*marchez*, masc.	s'rn	*marchez.* fém.

PARTICIPE.

sâïr	*marchant*,	sâïrât	*marchante.*
sâïrωn	*marchans*,	sâïrât	*marchantes.*

SUBSTANTIF.

el sîr *(ou)* sîrâ'n *la marche.*

PASSIF.

PRÉTÉRIT.

sîr	*il a été marché.*
sir[a] t	*elle a été marchée.*
s'rt	*tu as été marché.*
s'rt[i]	*tu as été marchée.*
s'rt[o]	*j'ai été marché.*
sîrω	*ils ont été marchés.*
s'rtω	*vous avez été marchés.*
s'rna	*nous avons été marchés.*

PRÉSENT et FUTUR.

ï[o] sâr	*il est* ou *sera marché.*
t'[o] sar	*elle est* ou *sera marchée.*
t'[o] sar*	*tu es* ou *seras marché.*

t^e sâr^i	*tu es* ou *seras marchée.*
o'sâr	*je suis* ou *serai marché.*
ï^e sârω	*ils sont marchés.*
t^e sârω	*vous êtes marchés.*
n^e sâr	*nous sommes marchés.*

IMPÉRATIF.

Ï^e sâr &c. *qu'il marche.*

PARTICIPE.

m'âsωr *marché*, &c.

VERBES en ω *et en* ï, *à la troisième radicale.*

PREMIER EXEMPLE.

γ'^{a} zâ, *il a attaqué.* ï^a γzω *il attaque.*

PRÉTÉRIT.

γ'^{a} zâ	*il a attaqué.*	
γ'^{a} zât	*elle a attaqué.*	
γ'^{a} zôt	*tu as attaqué.*	masc.
γ'^{a} zôt^i	*tu as attaqué.*	fém.
γ'^{a} zôt^o	*j'ai attaqué.*	
γ'^{a} zω	*ils ont attaqué.*	
γ'^{a} zôtω	*vous avez attaqué.*	
γ'^{a} zωnâ	*nous avons attaqué.*	

PRÉSENT et FUTUR.

ï^a γzω	*il attaque* ou *attaquera.*
t^a γzω	*elle attaque.*

t^a γzω

t'ᵃγzω	*tu attaques.*	masc.
t'ᵃγzⁱ	*tu attaques.*	fém.
a'γzω	*j'attaque.*	
ïᵃγzωn	*ils attaquent.*	
tᵃγzωn	*vous attaquez.*	
n'ᵃγzω	*nous attaquons.*	

On voit dans cet exemple que les deux avant-dernières personnes ïᵃγzωn et tᵃγzωn, prennent l'*n* final grammatical afin de se bien distinguer de leur singulier.

IMPÉRATIF.

oγzᵒ	*attaque.*	masc.	oγzⁱ	fém.
oγzω	*attaquez*		oγzωn	fém.

PARTICIPE.

γâzⁱⁿ	*attaquant.*	γâzàt	*attaquante.*
γâzωn	*attaquans.*	γâzât	*attaquantes.*

SUBSTANTIF.

el γᵉzω *l'attaque.*

PASSIF.

PRÉTÉRIT.

γᵒzi	*il a été attaqué.*
γᵒziᵉt	*elle a été attaquée.*
γᵒzit	*tu as été attaqué*, &c.

PRÉSENT et FUTUR.

ï^{o}γzä *il est* ou *sera attaqué.*
t'^{o}γzä *elle est* ou *sera attaquée.*
t'^{o}γzä *tu es* ou *seras attaqué.*
t'^{o}γzi *tu es* ou *seras attaquée.*
oγzä *je suis* ou *serai attaqué*, &c.

IMPÉRATIF.

l'ï^{o}γzä *qu'il soit attaqué*, &c.

PARTICIPE.

m^{a}γzω *attaqué.* m^{a}γzωât *attaquée.*
m^{a}γzωωn *attaqués.* m^{a}γzωât *attaquées.*

Les dérivés sont γ^{a}zzä, ï^{o}γ^{a}zzi.
γâzä ï^{o}γ^{o}zi, &c.

C'est-à-dire tous ä au prétérit, et ï au présent.

SECOND EXEMPLE.

r^{a}mä : *il a jeté.* ï^{a}rmi *il jette.*

PRÉTÉRIT.

r^{a}mä *il a jeté,* r^{a}m^{a}t *elle a jeté.*
r^{a}mait *tu as jeté.* masc.
r^{a}mait^{i} *tu as jeté.* fém.
r^{a}mait^{o} *j'ai jeté.*

r^{a}maω *ils ont jeté.*

r^{a}maitω *vous avez jeté.*

r^{a}mainâ *nous avons jeté.*

PRÉSENT et FUTUR.

ï^{a}rmi *il jette.*

t'^{a}rmi *elle jette, tu jettes.*

a'rmî *je jette.*

ï^{a}rmω *ils jettent.*

t'^{a}rmω *vous jettez.*

n'^{a}rmi *nous jettons.*

IMPÉRATIF.

ermi *jette.* commun. ermω *jettez.*

PARTICIPE.

râm^{en} *jettant,* rámîât *jettante.*

râmωn *jettans,* râmîât *jettantes.*

SUBSTANTIF.

el r^{a}mî *ou* r^{a}mîâ'n *le jet.*

PASSIF.

PRÉTÉRIT.

r^{o}mä *il a été jeté.*

r^{o}mi^{a}t *elle a été jetée.*

r^{o}mît *tu as été* et *j'ai été jeté.*

r^{o}mît^{i} *tu as été jetée.* fém.

r^{o}mω, r^{o}mîtω, &c.

PRÉSENT et FUTUR.

ï°rmä *il est jeté.*
t'°rmä *elle est jetée* et *tu es jeté.*
t°rmî *tu es jetée.* fém.
ormä *je suis jeté.*
ï°rmω, t'°rmω &c.

PARTICIPE.

m'ᵃrmi *jetté.* m'ᵃrmiât *jetée.*
m'ᵃrmiωn *jetés.* m'ᵃrmiât *jetées.*

Tous les dérivés font le prétérit en ä et le présent en ï.

rᵃmmä, ï°rᵃmmi.
ertᵃmä, ïᵃrtᵃmi, &c.

CHAPITRE VIII.

VERBES imparfaits et doublement irréguliers.

LES verbes imparfaits sont ceux qui n'ont que deux lettres radicales, et qui de ces deux lettres en ont une voyelle.

EXEMPLE.

djâ *il est venu.* âᵃb *il est retourné.*

Lorsque la première radicale est voyelle, comme dans âᵃb, le verbe suit les règles d'âkᵃl *il a mangé*, ou de qâl *il a dit.*

EXEMPLE.

PRÉTÉRIT.	PRÉSENT et FUTUR.	IMPÉRATIF.
â^{a}b.	ï^{a}ωb.	ob.
il est retourné.	*il retourne.*	*retourne.*
PARTICIPE.	SUBSTANTIF.	
âïb.	âωbâ'n.	
retournant.	*retour.*	

Si c'est la seconde radicale qui est voyelle, le verbe suit les règles tantôt de qâl, tantôt de sâl, c'est-à-dire qu'il tourne en ω ou en ï.

EXEMPLE.

PRÉTÉRIT.	PRÉSENT et FUTUR.	IMPÉRATIF.
đjâ.	ï^{a}đji.	đji.
il est venu.	*il vient.*	*viens.*
PARTICIPE.	SUBSTANTIF.	
đjâï	đjiât *et* m'^{a}đjia'n.	
venant.	*venue.*	
sâ.	ï^{a}sω.	sω.
il a affligé. (a)	*il afflige.*	*afflige.*
sâï.	sω'ân.	
affligeant.	*affliction.*	

(*a*) On fait du mal, de la peine ; car sω est proprement la peine d'esprit.

Les verbes doublement irréguliers ſont ceux qui ayant trois lettres radicales, ont deux de ces lettres voyelles.

EXEMPLE.

âtâ *il est arrivé.* nâä *il s'est retiré.*

Ces verbes suivent les règles, tantôt de sâl, tantôt de r^{a}mä.

EXEMPLE.

PRÉTÉRIT.	PRÉSENT et FUTUR.	IMPÉRATIF.
âtä.	ïâtï.	eït *ou* t^{e}h.
il est arrivé.	*il arrive.*	*arrive.*
PARTICIPE.	SUBSTANTIF.	
ât^{en}.	etîa'n.	
arrivant.	*arrivée.*	
nâä.	ï^{a}nâï.	enâ.
il s'est retiré.	*il se retire.*	*retire-toi.*
nâ^{en}.	nâa'n.	
se retirant.	*retraite.*	

Le verbe râä *il a vu*, a dans ses conjugaisons quelques particularités qui méritent d'être obſervées à cauſe de ſon fréquent uſage.

PRÉTÉRIT.

râä *il a vu.*
raï^{a}t *elle a vu.*

raït	*tu as vu.*	masc.
raït ^{i}	*tu as vu.*	fém.
raït	*j'ai vu.*	
râω	*ils ont vu.*	
raïtω	*vous avez vu*	
raïnâ	*nous avons vu.*	

PRÉSENT et FUTUR.

i ^{a} rä	*elle voit* ou *verra*, &c.	
t' ^{a} rä	*elle voit* et *tu vois.*	masc.
t' ^{a} ri	*tu vois.*	fém.
a' rä	*je vois.*	
i ^{a} rω	*ils voyent.*	
t' ^{a} rω	*vous voyez.*	
n' ^{a} rω	*nous voyons.*	

IMPÉRATIF.

r ^{a}, *ou* reh, *ou* r ^{a} i,
ou erä, *ou* eri } *vois.*

PARTICIPE.

râï ^{en} *voyant*, räïät *voyante.*

SUBSTANTIF.

räïa'n *et* m ^{a} raïät *l'action de voir.*

Au reste, ces verbes irréguliers formant des exceptions peu nombreuses; c'est toujours au dictionnaire qu'il appartient de les indiquer, ainsi que les diverses formes de conjugaisons qui sont en usage.

Je vais terminer ces notions élémentaires par quelques proverbes arabes, qui achèveront de donner idée de ma méthode de transposition, et par quelques observations sur la manière de tracer à la main les lettres nouvelles que je propose d'adopter pour correspondre aux prononciations arabes dont nous manquons.

PROVERBES

ARABES.

PROVERBES ARABES.

1. العالم بارض ميلاده كالذهب في معدنه ❋

2. من كان الطمع له مركبا كان الفقر له صاحبا ❋

3. من كتم سره بلغ مراده ❋

4. كلما تعرش في الفدان ينفعك ❋
تعرش ابن آدم يقلعك ❋

5. حفظك لسرك اوجب به من حفظ غيرك له ❋

6. من نقل اليك فقد نقل عنك ❋

MODÈLE d'écriture transposée et lue selon l'Arabe littéral.

1. al (ou) el aâlem[a] b'ârd[i], m'ilâd[i]h[i], ka al gahab[i] fi maden[i]h[i].

Le savant est dans sa patrie, comme l'or dans sa mine.

2. man kân[a] al tamo l'ho m'arkabâ'n, kân[a] al faqr[o] l'ho sâhebâ'n.

Qui monte sur le char de la fortune (de la cupidité) aura pour compagnon la misère.

3. man katam[a] serr[a]h[o], balay[a] morâd[a]ho.

Qui cache son secret, atteint son desir.

4. koll[a] ma tayros[o] fi al faddân[i], ïanfa[o]k[a]; tayros abn adam[a], ïaqla[o]k[a].

Plante un arbre, il te nourrira; plante un homme, il te déplantera.

5. hefz[o]k[a] le serr[i]k[a] aodjab[o] b[i]h[i], men hefz yair[i]k[a] l'ho.

La garde de ton secret par toi, est bien plus sûre que par un autre.

6. man naqal[a] elai-k[a], faqad naqal[a] an-k[a].

Qui t'apporte, t'emportera (t'a de ce moment même emporté).

7. أَلْعَالِمُ عَرَفَ ٱلْجَاهِلَ لِأَنَّهُ كَانَ جَاهِلًا *
وَٱلْجَاهِلُ لَا يَعْرِفُ ٱلْعَالِمَ لِأَنَّهُ لَا كَانَ عَالِمًا *

8. أَلْجَاهِلُ عَدُوٌّ لِنَفْسِهِ فَكَيْفَ يَكُونُ صَدِيقًا لِغَيْرِهِ *

9. مَنْ مَارَسَ ٱلْأُمُورَ رَكِبَ ٱلْبُحُورَ *

10. طُولُ ٱلتَّجَارِبِ زِيَادَةٌ فِي ٱلْعَقْلِ *

11. مَنْ يُجَرِّبْ يَزِدْ عِلْمًا وَمَنْ يُؤْمِنْ يَزِدْ غَلَطًا *

12. أُطْلُبْ ٱلْجَارَ قَبْلَ ٱلدَّارِ وَٱلرَّفِيقَ قَبْلَ ٱلطَّرِيقِ *

7. al ãâlem° ãraf" al djâhel", l'ann"h° kân" djâhelân : wa al djâhel° la ïarêf° al ãâlem" l'ann"ho la-kân" ãâlemân.

Le savant connaît l'ignorant, parce qu'il le fut; mais l'ignorant ne connaît point le savant, parce qu'il ne l'a pas été.

8. al djâhel° ãdw°" l'nafs'h'; fa kaif" ïakwn° sadîqan l'γair'h'.

(Si) l'ignorant est l'ennemi de lui-même, comment sera-t-il l'ami d'autrui!

9. man mâras" al omwr", rakeb" al bohwr".

Se mêler des affaires, c'est s'embarquer sur la mer.

Nota. Nous allons lire les suivans à la manière vulgaire, sans finales grammaticales.

10. Twl el tadjâreb, ziâdât fi el ãql.

Longue expérience, étendue de sagesse.

11. man ïodjarreb, ïazed ãlmân : man ïwmen ïazed γala'tân.

Celui qui expérimente, augmente ses lumières; celui qui croit, accroît ses erreurs.

12. o'tlob el djâr qabl el dâr : wa el rafîq qabl el Tariq.

Informe-toi du voisin avant de prendre maison, et du compagnon avant de faire route.

13. أَحْسِنْ إِنْ أَرَدْتَ أَنْ يُحْسَنَ إِلَيْكَ *

14. عَدُوٌّ عَاقِلٌ خَيْرٌ مِنْ صَدِيقٍ جَاهِلٍ *

15. اَلْكَفُّ عَنِ ٱلشَّهَوَاتِ غِنًى *

16. لِسَانٌ أَخْرَسُ خَيْرٌ مِنْ لِسَانٍ نَاطِقٍ فِي ٱلْكَذِبِ *

17. شَخْصٌ بِلَا أَدَبٍ جَسَدٌ بِلَا رُوحٍ *

18. اَلْجَاهِلُ يَرْضَى عَنْ نَفْسِهِ *

19. اَلْقُنُوعُ مِنَ ٱلْقَلِيلِ غِنًى *

20. اِسْمَعْ تَعْلَمْ وَٱسْكُتْ تَسْلَمْ *

13. a'hsen en aradt an io'hsan elaik.
Fais du bien si tu veux qu'on t'en fasse.

14. adω ââqel aχair men sadiq djâhel.
Ennemi sage vaut mieux qu'ami sot.

15. el kaff an el qahωât γenän.
La tempérance des desirs est richesse.

16. lesân aχras aχair men lesân nâteq fi el kezb.
Langue de muet est meilleure que langue de menteur.

17. qaχs bela adab ka djasad bela roh.
Personnage sans éducation, corps sans ame.

18. el djâhel ïardä an nafs-eh.
L'ignorant se plaît (tout seul).

19. el qonωo men el qalil, γenän.
Contentement de peu est richesse.

20. esma, f'äalam; ωa askωt, f'aslam.
Écouter, c'est apprendre; se taire, c'est se conserver.

21. أَلنَّاسُ آثْنَتَانِ بَالِغٌ لَا يَكْتَفِي وَطَالِبٌ لَا يَجِدُ *

22. أَلصَّبْرُ مِفْتَاحُ ٱلْفَرَجِ وَٱلْعَجَلَةُ مِفْتَاحُ ٱلنَّدَامَةِ *

23. لَيْسَ لِلْمُلُوكِ أَخٌ وَلَا لِحَسُودٍ رَاحَةٌ وَلَا لِكَذُوبٍ مُرُوَّةٌ *

24. أَلْمُعْتَذِرُ بِغَيْرِ ذَنْبٍ يُوجِبُ ٱلذَّنْبَ عَلَى نَفْسِهِ *

25. أَفْهَمُ ٱلنَّاسِ مَنْ يَنْظُرُ ٱلْعَوَاقِبَ *

26. ثَلَاثَةٌ لَا يُعْرَفُونَ إِلَّا فِي ثَلَاثَةِ مَوَاضِعَ لَا يُعْرَفُ
ٱلشُّجَاعُ إِلَّا عِنْدَ ٱلْحَرْبِ وَلَا يُعْرَفُ ٱلْحَكِيمُ إِلَّا
عِنْدَ ٱلْغَضَبِ وَلَا يُعْرَفُ ٱلصَّدِيقُ إِلَّا عِنْدَ ٱلْحَاجَةِ
إِلَيْهِ *

21. el nâs ainatân; bâley la ïoktaſi, wa tâleb la ïadjed.

Les hommes se partagent en deux classes; l'avide qui ne se rassasie pas, et le quêteur qui ne trouve pas.

22. el ṣabr meftâḥ el faraḥ : wa el adjalat meftâḥ el nadâmàt.

La patience est la clé de la joie, et la précipitation celle du repentir.

23. lais l'molok ṣâdiq; wa la l'ḥasood râḥat : wa la l'kazoob morwàt.

Point d'amis pour les rois; point de repos pour les envieux; point d'estime pour les menteurs.

24. el motadel b'γair zanb, iwdjeb el zanb alä nafs-ho.

Celui qui s'excuse sans être en faute, s'en acquiert une.

25. afham el nâs, man ïanzor el awâqeb.

Le plus savant est celui qui voit la fin de chaque chose.

26. talâtat la ïoraſton ella fi talâtàt mawâde : el ṣadjâa ella end el ḥarb; el ḥakim ella end el γadab : el ṣadiq ella end el ḥâdjat elai-h.

Trois choses ne se connaissent qu'en trois occasions : le courage à la guerre, la sagesse au moment de la colère, l'amitié dans l'adversité.

27. اذا تكلمت كلمة ملكتك واذا لم تتكلم بها ملكتها ❊

28. اصعب على الانسان معرفة نفسه ❊

29. الناس على دين ملوكهم ❊

30. حب الدنيا والمال راس كل خطية ❊

31. حسن المنادمة قلة الخلاف ❊

32. ستة خصال يعرف الاحمق بالغضب من غير
شي والكلام في غير نفع والثقة في كل احد
وبذله بغير موضع البذل وسواله عن ما يعنيه
وانه لا يميز صديقه من عدوه ❊

27. eẓa takallamt kelmat, malakat-ka. *(en littéral)* malakat-ka wa eẓa lam tatkallam b'ha, malakt-ha.

Le mot qui t'échappe est ton maître; celui que tu retiens est ton esclave.

28. aṣab âlä el ensân mareſât nafs ho.

Le plus pénible à l'homme c'est de se connaître.

29. el qowob âlä din molok-hom.

La religion du prince fait celle du peuple.

30. ħobb el donia wa el mâl, râs koll raẓîlât.

Amour du monde et des richesses, principe de toute bassesse.

31. χair el monâdamât, qellât el χeṭâſ.

Le meilleur du repentir, est l'exiguité de la faute.

32. b'settât χeṣâl ïoraſ el aħmaq; b'el γadab men γair qai; wa el kalâm fi γair nafe; wa el teqât fi koll aħad; wa badl ho b'γair sabab el badl; wa soâl-ho an mâ la ïoni-h; wa b'an'ho la ïamiz ṣadîq-ho men adw-ho.

Le sot se reconnait à six attributs : il se fâche sans motif; il parle sans utilité; il se fie sans connaître; il change sans raison; il interroge sur ce qui lui est étranger; et il ne sait pas distinguer son ami de son ennemi.

33. يُهْلِكُ ٱلنَّاسَ فِي حَالَتَيْنِ فُضُولِ ٱلْمَالِ وَفُضُولِ ٱلْكَلَامِ ✽

34. أَلْوَرَعُ شَجَرَةٌ أَصْلُهَا ٱلْقَنَاعَةُ وَثَمَرَتُهَا ٱلرَّاحَةُ ✽

35. كَثْرَةُ ٱلْقُرْبِ إِلَى ٱلنَّاسِ تَجْلِبُ ٱلسُّوءَ ✽

36. زُرْ غِبًّا تَزْدَدْ حُبًّا ✽

37. سُلْطَانٌ بِلَا عَدْلٍ كَنَهْرٍ بِلَا مَاءٍ ✽

38. عَالِمٌ بِلَا عَمَلٍ كَسَحَابٍ بِلَا مَطَرٍ ✽

39. غَنِيٌّ بِلَا سَخَاوَةٍ كَشَجَرٍ بِلَا ثَمَرٍ ✽

33. ïahlak el nâs fi ħâlatain ; fod'ol el mâl, wa fod'ol el kalâm.

Deux choses perdent les hommes, abondance de richesses et abondance de paroles.

34. el wara, qadjarat[en] ; asl-ha el qanâat, wa tamarat-ha el râħat.

La tempérance est un arbre qui a pour racine le contentement de peu, et pour fruit le calme et la paix.

35. ketrat el qorb elä el nâs, tadjleb el sw.

Trop fréquenter le monde, amène repentir (mot à mot *malheur*).

36. zor γennân, t'azed ħobbân.

Visite rare accroît l'amitié (*mot à mot*, visite rarement, tu accroîtras l'amitié).

37. sol'tân bela adle, ka nahr bela mâ.

Prince sans justice, fleuve sans eau.

38. aâlem bela amal, ka sa'hâb bela matar.

Savant sans œuvres, nuage sans pluie.

39. γani bela saχâwat, ka qadjar bela tamarat.

Riche sans bienfaits, arbre sans fruit.

40. فَقِيرٌ بِلَا صَبْرٍ كَقِنْدِيلٍ بِلَا زَيْتٍ *

41. شَبَابٌ بِلَا تَوْبَةٍ كَبَيْتٍ بِلَا سَقْفٍ *

42. اِمْرَأَةٌ بِلَا حَيَاءٍ كَطَعَامٍ بِلَا مِلْحٍ *

43. يَوْمٌ وَاحِدٌ لِلْعَالِمِ أَخْيَرُ مِنَ ٱلْحَيَاةِ كُلِّهَا لِلْجَاهِلِ *

40. ſaqir bela ṣabr, ka qandîl bela zait.

Pauvre sans patience, lampe sans huile.

41. ṡabâb bela tôbât, ka bait bela saqf.

Jeune homme sans repentirs, maison sans toit.

42. amrât bela ḣaïâ, kaṫaâm bela meleḣ.

Femme sans pudeur, mets sans saveur (mot à mot *sans sel*).

43. iôm waḣed l'el aâlem, aχair men ḣaiâat l'el djâhel.

Une seule journée d'un sage vaut mieux que toute la vie d'un sot.

OBSERVATIONS

Sur le Tableau ci-contre.

LA lettre ω se trace couramment, mais elle se lie mieux avec les lettres qui la devancent qu'avec celles qui la suivent.

L'ῶ n'en diffère que par le trait, ou le petit ∧ que l'on trace dessus.

La troisième lettre, qui est l'aïn, ne diffère de l'a ordinaire, qu'en ce que son trait courbe est brisé.

La 4.e est ce même trait brisé, qui représente l'ι grec.

L'σ diffère de l'o ordinaire, en ce que la plume doit toujours le traverser en terminant son jambage de retour.

Le ħâ et le ŧo diffèrent du *té* et de l'*h*, par la boucle dont leur jambage supérieur est toujours couronné.

Le đo (n.º 8) demande un second pli dans le retour de sa courbe, pour se lier avec la lettre qui suit.

Le ʂo commence par en bas, et se termine par le ligament à sa tête.

Le ȝo n'est que le z ordinaire, avec un pli de plus.

Le ɥin se forme de deux traits, 1.º d'un ω, 2.º d'un ȷ dont on traverse ce ω de haut en bas pour reprendre la lettre suivante avec la ligature de la queue du ȷ.

Le γamma est presqu'une r à longue queue.

Le θ prend la forme de ϑ pour bien se joindre aux lettres qui le précèdent ou le suivent.

Dans les pays où on le prononce *t* ou *s*, il faut se servir simplement de ces lettres, et il suffira de les marquer d'un point ou d'un chevron brisé, pour indiquer que dans le dictionnaire elles appartiennent au θ.

Nécessairement le grand â et l'a bref se confondront dans l'écriture. C'est à l'usage d'en apprendre la distinction; on peut d'ailleurs, dans les cas de besoin, les distinguer par le trait circonflexe posé sur l'*â* pour l'*alef*, et par le trait grave posé sur *à* pour le fâtha ou a bref.

TABLE

Manière

d'écrire les lettres Européennes adaptées à la langue Arabe

1.	[illegible]	saq	Marche
2.	[illegible]	moçy	Flor
3.	[illegible]	rad	Tonnerre
4.	[illegible]	fiel	Agneau
5.	[illegible]	oqod	[illegible]
6.	[illegible]	rahim	Clément
7.	[illegible]	qilé	[illegible]
8.	[illegible]	radi	Content
9.	[illegible]	asr	Siècle
10.	[illegible]	zohr	[illegible]
11.	[illegible]	agraf	[illegible]
12.	[illegible]	bagrost	[illegible]
13.	[illegible]	delade	[illegible]

TABLE
DES MATIÈRES.

K

TABLE DES MATIÈRES.

FIN.

www.ingramcontent.com/pod-product-compliance
Ingram Content Group UK Ltd.
Pitfield, Milton Keynes, MK11 3LW, UK
UKHW020150220726
13923UKWH00001B/458

9 782329 095660